KB271902

쇼펜하우어,
붓다와
예수를 만나다

* 일러두기
이 책에 쓰인 성경 구절은 저자의 번역과 해석에 따라 옮긴 것입니다.

쇼펜하우어, 붓다와 예수를 만나다

지은이 | 정성민
초판 발행 | 2026. 02. 25.
등록번호 | 제 2026-000003 호
등록된 곳 | 경기도 시흥시 신현로 12 번길 30
발행처 | 도서출판 나눔하우스
발행인 | 홍병호
표지디자인 | 호유선
교정 | 박솔잎
출판부 | 010-7319-1193

책값은 뒤표지에 있습니다.
ISBN 979-11-997252-0-1 03210

독자의 의견을 기다립니다.
sungmjeong@hanmail.net   hph1193@nate.com

쇼펜하우어, 붓다와 예수를 만나다

정성민 지음

고통의 시대,
인간은 스스로를
구원할 수 있는가?

나눔하우스

목차

감수의 글　　08

추천사 1　　12

추천사 2　　14

머리말　　16

프롤로그　　20

제1부 쇼펜하우어의 생애　　26

제2부 쇼펜하우어의 사상적 뿌리와 배경　　34

　　1. 인도 철학과 쇼펜하우어

　　2. 칸트의 인식론과 쇼펜하우어

　　3. 스피노자의 범신론과 쇼펜하우어

　　4. 기독교 신앙과 쇼펜하우어

제3부 쇼펜하우어의 철학
　　: 고통의 세계에서 벗어나는 길　　　　　58

　　1. 우주적 의지란 무엇인가?
　　2. 개체화 원리란 무엇인가?
　　3. 고통과 구원
　　4. 금욕과 절제 그리고 고독의 삶
　　5. 쇼펜하우어의 비관주의 : 고통의 세계

제4부 쇼펜하우어와 종교　　　　　84

　　1. 구원의 개념과 과정
　　2. 종교의 본질로서의 윤리
　　3. 죄로서의 성욕
　　4. 자연을 통한 철학적 직관

제5부 쇼펜하우어와 붓다
    : 고통을 넘어서는 두 사유의 만남　　　104

    1. 사상적 연결점
    2. 쇼펜하우어와 붓다 사상의 유사성
    3. 쇼펜하우어와 붓다 사상의 차이점

제6부 쇼펜하우어와 기독교 :
: '고통의 철학'과 '초월적 신앙'의 만남　　138

1. 인간은 초월을 어떻게 사유해 왔는가?
2. 고통과 악은 어떻게 이해될 수 있는가?
3. 영혼은 철학적으로 사유 가능한가?
4. 인간은 구원을 어떻게 말해 왔는가?
5. 사후 세계에 관한 다양한 이해

에필로그　　190

/ 부록 /　　207

1. 과연 인간은 자기 한계를 넘어서는 어떤 용서와 사랑이 필요한가?
2. 쇼펜하우어와 칸트 : 종교의 본질에 대한 비교

후주　　228

21세기 종교철학서의 모범적 모델

김영한 원장 (기독교학술원)

정성민 박사의 《쇼펜하우어, 붓다와 예수를 만나다》는
현대 철학과 종교가 만나는 지점에서 '고통과 구원'이라는
근원적 질문을 사유하는 독창적인 저술이다.
저자는 인도 철학·불교·서양 철학·기독교를 하나의 문제의식 아래
엮어, 쇼펜하우어 사상의 형성과 구조를 차분히 해명한다.

특히 쇼펜하우어의 《의지와 표상으로서의 세계》를 중심으로
'우주적 의지'와 '개체화 원리'를 분석하고, 이를 불교의 무아와 연기
사상과 구조적으로 비교한 시도는 인상적이다.
저자는 두 전통의 유사성과 차이를 열네 개의 항목으로 정리하며,
왜 쇼펜하우어가 흔히 '현대의 붓다'로 이해되어 왔는지를 설득력

있게 보여준다. 이 책은 단순한 해설에 머무르지 않고, 서로 다른 사유 전통을 관통하는 질문 앞에 독자를 세우는 철학적 여정으로 이끈다.

아울러 이 책은 사상 비교를 넘어서, 기독교 전통이 인간의 고통과 구원 문제를 어떤 방식으로 사유해 왔는지도 함께 탐색한다.

이 과정에서 쇼펜하우어의 금욕 사상과 불교의 수행이 제시하는 해탈의 길을 검토하고, 기독교의 은총과 자기 부정, 십자가 사랑을 이러한 구원 이해와 대조한다.

이 책은 신학자의 학술 논문도, 단순한 인문 교양서도 아니다. 그 중간 지점에서 철학의 언어로 신을 사유하고, 신앙의 전통을 철학적으로 성찰하게 하는, 21세기 종교철학서의 모범적 모델이라 할 만하다.

● 김영한 원장은 서울대학교를 졸업하고, 독일 하이델베르크대학교에서 철학 박사(1974)와 신학 박사(1984) 학위를 취득하였다. 숭실대학교 기독교학대학원 초대 원장, 한국해석학회 및 한국기독교철학회 회장을 역임하였다. 대표 저서로 《하이데거에서 리꾀르까지》, 《바르트에서 몰트만까지》 등이 있다.

인간은 스스로 구원할 수 있는가?
이 질문과 함께 걷는 사유의 여정
정세근 교수 (충북대학교 철학과)

정성민 박사의 이번 저술은 철학과 종교가 만나는 지점에서 인간의 고통과 구원이라는 고전적 문제를 새롭게 비추는 흥미로운 작업이다. 이 책은 쇼펜하우어 사상을 단순 요약하지 않고, 인도 철학·칸트·스피노자·기독교 전통이 그 안에서 어떻게 연결되는지 섬세하게 보여준다.

이 책의 독창성은 철학과 종교를 대립시키는 것이 아니라 서로를 비추는 거울로 보여주는 방식에 있다. 저자는 두 사유의 공통점과 한계를 조용히 드러내고, 기독교가 제시하는 '타자 사랑과 은총'이 금욕주의와 같지 않다는 점을 자연스레 이해하도록 돕는다.

이 책은 완성된 답을 강요하기보다 "인간은 스스로 구원할 수 있는가, 아니면 자신을 넘어서는 초월자가 필요한가?"라는 질문 앞에 우리를 멈추게 한다. 그 질문과 함께 걸어가는 사유의 여정이 이 책이 주는 가장 큰 기쁨이다.

● 정세근 교수는 국립 타이완대학교에서 철학 박사 학위를 받았으며, 제53대 한국철학회 회장을 역임했다. 현재 충북대학교 철학과 교수로 재직 중이다. 저서로 《노자 도덕경》, 《윤회와 반윤회》, 《철학으로 비판하다》 등이 있다.

추천사

철학과 종교의 대화 한복판으로

독자를 이끄는 책

이성청 교수 (서울대학교 종교학과)

최근 한국 사회에서 쇼펜하우어는 삶의 의미에 대한 통찰로 다시 주목받고 있다. 그러한 시점에서 정성민 박사의 이번 저작은 철학과 종교가 만나는 장을 열며 고전적 질문을 새로운 방식으로 다루고 있다. 저자는 쇼펜하우어 철학의 핵심 개념을 정리하고, 이를 인도 철학 및 기독교 신앙과 비교함으로써 동서양 사상 간의 깊은 대화를 이끌어낸다.

이 책은 단순한 비교가 아니라, 철학이 제기한 실존적 물음에 대한 기독교의 응답을 제시한다는 점에서 주목할 만하다. 철학과 신학은 서로를 부정하는 언어가 아니라, 서로 다른 방식으로 인간의 삶을 설명하려는 두 시도임을 정교하게 연결해 보여준다.

답을 찾기보다 질문이 왜 중요한지를 스스로 깨닫게 만드는 경험이
바로 이 책이 지닌 진정한 가치다.

● 이성청 교수는 미국 템플대학교에서 종교 간 대화의 권위자 레너드 스위들러 박사의
지도 아래 종교학 박사 학위를 받았다. 미국 핀리대학교 종교학과 종신교수 및
학과장을 역임했으며, 현재 서울대학교 종교학과에서 종교사회학을 가르치고 있다.

머
리
말

머
리
말

이 책이 나오기까지 많은 분들의 도움이 있었습니다.
먼저 저의 원고를 세밀하게 살펴주신 김영한 원장님께
깊은 감사를 드립니다. 부족한 저를 위해 학술적 조언을
아끼지 않으시고 격려해 주신 덕분에,
이 책은 마침내 독자들을 만날 수 있었습니다.
또한 정세근 교수님의 세심한 조언은
이 책의 철학적 토대를 다지는 데 커다란 도움이 되었습니다.
아울러 연구와 교육으로 바쁘신 가운데도
흔쾌히 추천사를 써 주신 이성청 교수님께도 감사를 드립니다.
마지막으로 저의 은사이신 목창균 전 총장님께도
감사의 마음을 전하지 않을 수 없습니다.
총장님의 따뜻한 배려와 지지가 있었기에,
포기하지 않고 이 원고를 끝까지 완성할 수 있었습니다.

무엇보다 묵묵히 저의 곁을 지키며 가장 큰 힘이 되어 준
가족들의 인내와 사랑이 없었다면,
이 책은 결코 가능하지 않았을 것입니다.
그들에게 말로 다할 수 없는 고마움과 미안함을 전합니다.

이제 이 책을 독자 여러분의 손에 맡깁니다.

쇼펜하우어의 고뇌와 붓다의 비움,

그리고 예수가 보여준 사랑과 희생을 함께 성찰하는 이 여정이,

삶이라는 거친 파도 앞에서 길을 잃은 누군가에게 작은 위로와

'삶을 지탱할 사유의 지도'가 되기를 소망합니다.

고통의 심연에서 '삶의 새로운 의미와 존재의 평안'을

발견하는 기쁨이, 여러분 모두의 삶에 조용히 깃들기를 바랍니다.

정성민

프롤로그

왜 선한 사람은 고통받는가.

이 질문은 오래전부터 철학자와 신학자를 끊임없이 괴롭혀 온

가장 근본적인 물음이다. 우리는 흔히 이렇게 기대한다.

선을 행하면 보상이 따르고,

정의롭게 살면 평화가 주어질 것이라고.

그러나 현실은 다르다. 선한 사람이 오히려 더 깊은 상처를 입고,

조용히 옳은 길을 걸은 이들이 외롭고

고단한 삶의 무게를 감당하는 경우는 결코 드물지 않다.

이 책은 바로 이 지점에서 출발한다.

- 선한 사람이 겪는 고통은 어떤 의미를 지니는가?
- 철학은 이 오래된 질문 앞에서 무엇을 말해 왔는가?
- 초월적 존재를 가정하지 않고도 인간은 스스로를 구원하거나
  혹은 고통으로부터 해방될 수 있는가?

쇼펜하우어가 특별한 이유

아르투어 쇼펜하우어는 흔히 '염세주의 철학자'로 불린다.

그러나 그의 사유는 단순한 비관에 머물지 않는다.

만약 그의 철학이 삶을 부정하는 사상에 불과했다면,

왜 그토록 많은 철학자와 예술가,

그리고 심리학자들이 그에게 깊이 매료되었을까?

그 이유는 분명하다.

쇼펜하우어는 고통을 외면하거나 미화하지 않고,

삶의 가장 깊은 자리에서 정면으로 바라본 철학자였기 때문이다.

그는 인간의 욕망과 사랑, 절망과 희망, 그리고 예술이 주는

위안까지 삶의 전체를 꿰뚫어 보려 했다.

그래서 그의 철학은 문학과 예술 속에서 오랫동안 살아남을 수

있었다.

동서양을 가로지른 사유

쇼펜하우어는 서양 철학의 전통 위에 서 있었지만,

그 사유는 그 경계를 넘어섰다.

그는 인도 철학과 불교 사상을 접하며 욕망과 고통,

그리고 해방의 문제를 새로운 눈으로 바라보게 된다.

이러한 사유 위에서

그는 《의지와 표상으로서의 세계》를 집필했다.

동서양의 사유를 함께 꿰어 보려는 이 시도는

쇼펜하우어 철학의 가장 큰 특징이자 가장 중요한 실험이었다.

이 책의 관심은 단순한 학문적 지식에 있지 않다. 중심 질문은 분명하다. 인간은 왜 고통받는가. 그리고 인간은 그 고통 앞에서 스스로 무엇을 할 수 있는가. 이를 위해 이 책은 세 단계의 여정을 따라 간다.

먼저 쇼펜하우어 철학이 형성된 사상적 배경을 살펴본다. 그다음 의지, 고통, 욕망, 금욕, 예술이라는 그의 핵심 개념들을 차분히 읽는다. 마지막으로 그의 사유를 붓다의 가르침과 나란히 놓고, 이어 예수의 사유와 어떤 대화를 나눌 수 있는지를 탐색한다. 이 과정에서 독자는 다시 이 질문 앞에 서게 된다.

- 고통은 피해야 할 불행인가, 아니면 인간을 비추는 거울인가?
- 인간은 어디까지 스스로를 구원할 수 있는가?
- 철학은 인간을 어디까지 데려갈 수 있으며, 그 한계는 어디에 있는가?

이 질문은 나에게도 오랫동안 머물러 있던 물음이었다. 철학과 종교를 공부하며, 고통의 자리를 지나온 사람들을 만나면서 이 질문은 점점 학문을 넘어 삶의 문제로 다가왔다. 쇼펜하우어와 붓다는 서로 다른 시대에 살았지만, 인간의 고통을 외면하지 않았다는 점에서 내게 깊은 울림을 주었다.

그리고 나는 기독교 전통 속에서 '구원'이라는 말이 단순한 종교적 선언이 아니라, 인간 존재가 품고 있는 가장 깊은 갈망이라는 사실을 다시 생각하게 되었다.

이 책은 그 질문을 성급히 닫지 않는다. 다만, 서로 다른 사유의 길을 차분히 함께 읽어 가며 인간이 지금 어디에 서 있는지를 함께 바라보고자 한다. 이 책이 고통 앞에서 멈춰 선 이들, 철학과 종교 사이에서 길을 찾고 있는 이들, 그리고 "나는 어떻게 살아야 하는가"를 묻는 이들에게 하나의 답이 아니라, 사유의 출발점이 되기를 바란다.

제1부

쇼펜하우어의 생애

어린 시절과 가족

아르투어 쇼펜하우어(Arthur Schopenhauer, 1788~1860)는 1788년 2월 22일, 당시 프로이센령 단치히(Danzig, 현재 폴란드 그단스크)에서 부유한 상인의 아들로 태어났다. 아버지 하인리히 쇼펜하우어는 국제 무역으로 큰 부를 쌓은 실업가였고, 어머니 요한나 쇼펜하우어는 후에 독일 문학계에서 이름을 남긴 소설가였다. 어머니는 사교적이고 활달한 성격이었으며 많은 사람과 어울리기를 좋아했다.

반면 아들 아르투어는 조용하고 사색에 깊이 빠지기를 좋아하는 성향이었다. 이 두 사람의 기질 차이는 자연스럽게 모자(母子) 사이에 깊은 간극을 만들었다.

그의 10대 시절은 그리 평탄하지만은 않았다.

열일곱 살, 아버지가 갑작스러운 사고로 세상을 떠나면서 어린 쇼펜하우어의 삶에는 어두운 그림자가 드리워졌다. 죽음은 실족사로 처리되었지만, 아버지는 오래전부터 우울증을 겪고 있었다.

이 복잡한 상황은 소년에게 더 큰 혼란과 상처를 남겼다.

경제적 어려움은 없었지만, 아버지의 죽음은 쇼펜하우어를
내면으로 더욱 깊숙이 파고들게 만들었다. 그는 외부 세계보다
마음속 세계에 더 오래 머물기 시작했고, 철학과 문학은
이 시기부터 그의 진정한 동반자가 되었다. 바로 이 경험이 훗날
"세계는 고통으로 가득한 장소"라는 그의 철학적 시선을 형성하는
토대가 되었다.

학문적 성장

1809년, 쇼펜하우어는 예나대학교(Friedrich-Schiller-Universität Jena)에
입학하며 본격적으로 철학 연구를 시작했다. 이 시기 그의
사유에 결정적 영향을 준 두 사람이 있었다. 바로 플라톤과
칸트였다. 플라톤의 '이데아' 개념과 칸트의 '인식론'은 그의 철학을
이루는 두 축이 되었고, 훗날 《의지와 표상으로서의 세계》의
사유적 중심이 된다.

1813년, 그는 《충족 이유율의 네 가지 근거에 대하여》로 박사
학위를 받는다. 이 논문에서 그는 인간이 세계를 이해하는 방식을
'네 가지 근거'로 구분해 설명했는데, 이는 당시에도 매우 독창적인
시도로 평가받았다.

그는 이후 드레스덴과 베를린을 오가며 연구에 몰두했고, 이
시기 그의 대표작 《의지와 표상으로서의 세계》가 탄생한다.
1818년 출간된 이 책은 인간의 본질은 '의지'[1], 우리가 보는 세계는
'표상'[2]이라는 큰 주장을 담고 있으며 쇼펜하우어 철학의 견고한
틀을 이루는 작품이다. 하지만 놀랍게도, 이 책은 당시 거의
주목받지 못했다. 그가 세상을 떠날 때까지 초판이 다 팔리지
않았을 정도로 반응은 냉담했다.

베를린과 헤겔과의 경쟁

1820년, 그는 베를린대학교에서 강의를 시작했다. 하지만 강의 시간이 당시 독일 철학계의 절대적 존재였던 게오르크 헤겔의 강의와 겹쳐 있었다. 학생들은 대부분 헤겔의 강의에 몰려들었고, 쇼펜하우어의 강의실은 늘 텅 비었다. 이 경험은 그에게 큰 상처가 되었다. 그는 헤겔의 철학을 "난해하고 현실과 동떨어진 공허한 관념의 탑"이라며 날카롭게 비판했다.

반면 쇼펜하우어는 자신이 다루는 문제 - 인간의 고통, 삶의 의지, 욕망, 구원 - 가 사람들에게 더 절박하고, 더 실제적인 질문이라고 스스로 믿었다. 그러나 당대 학계는 그의 철학을 받아들일 준비가 되어 있지 않았다.

실망한 그는 베를린을 떠나 유럽 곳곳을 여행하며 인생의 무상함을 깊이 체감하게 된다. 이 여행은 그의 염세주의적 통찰을 더욱 깊게 하는 계기가 되었다.

프랑크푸르트 정착과 후대에 끼친 영향

1833년, 쇼펜하우어는 프랑크푸르트에 정착하여 혼자 조용한 삶을 살기 시작했다. 그는 글을 쓰며 자신의 철학과 삶을 차분히 정리해 나갔다. 그리고 말년에 이르러서야 비로소 대중의 관심이 그에게로 향했다. 특히 1851년에 출간된《부록과 보유(Parerga und Paralipomena)》는 그의 사상을 보다 이해하기 쉽고 친근하게 풀어낸 책으로, 삶·고통·예술·구원에 대한 깊은 통찰이 담겨 있다. 그는 예술을 "고통과 허무로부터 잠시 벗어날 수 있는 창문"이라고 보았으며, 이 생각은 수많은 예술가에게 강력한 영감을 주었다. 바그너와 말러 같은 음악가, 톨스토이·도스토예프스키·헤르만 헤세·프루스트 같은 문학가들까지 그의 사상에서 깊은 영감을 받았다.

말년에 그는 비로소 인정받는 철학자가 되었다. 삶 대부분을 외롭게 보내고도 사후에 거대한 영향을 남긴 철학자는 흔치 않다. 쇼펜하우어는 그중 한 명이다. 1860년, 그는 폐렴으로 조용히 생을 마감한다. 그러나 그의 철학은 지금도 '고통과 구원'을 묻는 모든 사람에게 여전히 살아 움직이는 질문을 던지고 있다.

제2부

쇼펜하우어의
사상적 뿌리와 배경

쇼펜하우어 철학을 깊이 이해하려면, 그가 어떤 사상적
배경 속에서 자신의 사유를 발전시켰는지 먼저 살펴봐야 한다.
그는 단순히 서양 철학의 계승자가 아니라, 동서양을 넘나드는
폭넓은 지적 여행을 통해 인간 존재의 근원과 삶의 의미를
탐구한 사상가였다.
그에게 인도 철학과 불교, 칸트의 인식론, 스피노자의 범신론,
그리고 기독교 신앙은 단순한 참조문헌이 아니라,
그의 철학 전체를 여는 '열쇠'와도 같았다.

01
/
인도 철학과
쇼펜하우어

쇼펜하우어의 철학적 출발점을 이해하려면, 그가 어떤 사상의 토양에서 사고를 키웠는지 먼저 살펴야 한다. 그는 서양 철학의 전통만 따르지 않았다. 오히려 동양의 오래된 지혜 속에서 인간의 고통과 구원에 관한 원형적 통찰을 발견했다. 특히 인도의 베단타 철학과 초기 불교 사상은 그의 사유에 결정적인 영향을 주었다.

《우파니샤드》의 영향

쇼펜하우어가 "삶의 위로"라고 부르며 가장 깊이 사랑한 책은 고대
인도 철학의 핵심 경전인《우파니샤드》였다. 이 문헌은 인간과
우주, 영혼과 절대자를 탐구하며,《베다》전통을 철학적 언어로
재해석한 약 108편의 기록이다. 그 중심 사상은 범아일여(梵我一如),
즉

- 우주적 실재이자 힌두교에서 '신'으로 이해되는 브라만(Brahman,
  우주적 원리)과
- 개인의 영혼인 아트만(Ātman)이 본질적으로 하나라는
  깨달음이다.

수행자들은 명상과 요가를 통해 마음을 고요히 하여 이 진리를
체험하려 했다. 이러한 사상에서 나온 것이 윤회(輪廻)와 업(業)
개념이다. 인간의 영혼은 죽어도 사라지지 않고, 자신의 행위에
따라 다음 생이 달라진다는 것이다.

쇼펜하우어의 수용과 비판

쇼펜하우어는 《우파니샤드》가 말하는 "신과 인간의 하나됨"
사상에 깊이 공감했다. 그에게 세계는 분리된 개별적 존재들의
모음이 아니라, 서로 긴밀하게 연결된 하나의 전체였다. 하지만
그는 초월적 신 개념, 영혼의 불멸, 윤회와 업 사상과 같은 요소는
받아들이지 않았다.

그에게 신은 세계 밖의 인격적 존재라기보다는 자연의 심층적
원리에 가까웠다. 인간 역시 특별한 존재라기보다 자연의 흐름
속에서 태어나고 사라지는 유한한 존재였다. 따라서 그는
《우파니샤드》의 신비적 합일(신과 인간)보다 "자연 속에서 인간이
겪는 고통과 욕망의 구조"에 더 주목했다.

붓다의 영향

쇼펜하우어는 기독교 문화권에서 자랐지만, 신과 영혼 같은 초월적 개념에서 점점 멀어져 갔다. 그리고 그의 사유를 통째로 뒤바꾼 인물이 있었다. 바로 붓다(Buddha), 즉 고타마 싯타르타(Gautama Siddhārtha)였다. 붓다는 브라만교의 제사 중심 전통을 넘어, "초월적 신 없이도 인간은 스스로 깨달음에 이를 수 있다"고 말하며 새로운 길을 열었다.

그의 가르침은 단 한 문장으로 요약된다.

"모든 것은 변하고, 욕망은 고통을 낳는다."

쇼펜하우어는 불교의 핵심 개념을 서양 철학으로 번역해 제시한 첫 사상가였다.

- 연기론: 모든 존재는 서로 의존해 생겨난다.
- 무아론: 고정된 실체로서의 '나'는 없다.
- 무상(無常): 모든 것은 변화한다.

그는 이 사상들을 자신의 핵심 개념인 '의지(Wille)'와 연결했다.

- 인간은 끊임없이 욕망한다.

- 욕망이 충족되지 않으면 고통한다.
- 충족되면 곧 권태가 온다.

특히 그는 성적 욕망을 가장 강력한 의지의 표현으로 보았다.
성욕은 새로운 생명을 낳지만, 새 생명은 다시 고통 속에 던져지기
때문이라고 생각했다. 그래서 그는 욕망의 절제, 특히 성적 욕망의
통제를 "고통에서 벗어나는 한 가지 방법"이라고 보았다.

요약

쇼펜하우어는 인도 철학과 불교를 통해 "삶의 고통을
정면으로 바라보는 지혜"를 배웠다. 그러나 그는
초월적 신 개념을 받아들이지 않고, 인간을 자연
속에서 욕망하며 고통받는 존재로 이해했다.
결국 그의 '구원' 개념은 신적 힘에 의존하기보다
욕망을 멈추려는 인간의 자기 성찰과 자기 통제에
기반하고 있었다.

02
/
칸트의 인식론과 쇼펜하우어

쇼펜하우어는 독일 철학자 임마누엘 칸트에게 큰 영향을 받았으나,
단순한 추종자에 머물지는 않았다. 그는 칸트의 핵심 개념을
자신의 관점에서 비판적으로 해석해 새로운 체계를 구축했다.

칸트의 인식론

칸트는 인간이 경험하는 세계를 현상 세계라 불렀고, 그 너머에
인간이 알 수 없는 물자체(초월적 세계)가 있다고 보았다. 칸트는
신·영혼·사후 세계가 존재할 가능성을 완전히 부정하지 않았지만,
"인간은 그것을 인식할 수 없다"고 말했다.
그러나 쇼펜하우어는 보다 급진적이었다.
"인식할 수 없다면, 그것은 존재한다고 말하기 어렵다."
그는 우리가 감각과 경험으로 포착하지 못하는 세계를 실재로
인정하지 않았다. 이 관점은 초월적 존재 전체를 자연의 일부로
이해하려는 경향으로 이어졌다.

직관과 경험

칸트는 인간 인식이 시간·공간에 제약되어 있어 초월적 세계를 알 수 없다고 보았지만, 쇼펜하우어는 인간이 이성만으로는 알 수 없는 세계를 직관(Intuition)을 통해 부분적으로 경험할 수 있다고 보았다.

직관이란
- 이성이 분석하기 전에
- 감각기관을 통해 즉각적으로 인식되는 이해이다.

예)
- 아름다운 풍경을 보고 느끼는 경이감(시각)
- 음악을 들으며 스며드는 감동(청각)

그는 이러한 직접적 경험이야말로 우리가 세계를 가장 진실하게 접하는 방식이라고 보았다.

칸트의 윤리학과 쇼펜하우어의 연민 윤리

칸트에게 도덕은 초월적 존재가 부여한 보편적 법칙(정언명령)에 따른다. 반면 쇼펜하우어는 도덕의 근원을 외부의 명령이 아니라 인간 내면의 감성 - 특히 연민 - 에서 찾았다.

- 고통받는 이를 보며 느끼는 동정심
- 타인의 고통을 덜어주려는 마음

그에게 도덕은 신의 명령이 아니라, 인간의 공감 능력에서 비롯되는 자연스러운 감성이었다.

요약

쇼펜하우어는 칸트를 토대로

- 인간의 감각으로 경험되지 않는 세계를 인정하지
  않는 자연주의적 시각
- 도덕의 근원을 인간 감성에서 찾는 감정윤리로
  나아갔다.

03

/

스피노자의 범신론과
쇼펜하우어

신과 자연의 통합: 스피노자의 범신론

스피노자(1632-1677)는 "내일 지구가 멸망해도 오늘 사과나무를
심겠다"라는 말로 널리 알려진 철학자다. 그는 신과 자연을
구분하지 않았다. 초월적 존재로서의 신이라기보다, 자연 자체가
곧 신이라고 이해했다. 이 사상이 범신론(汎神論)이다.

스피노자에 따르면:

- 무한한 자연(natura naturans): 세계를 끊임없이 생성하는 근원
- 유한한 자연(natura naturata): 그로부터 나타난 모든 구체적 존재들

모든 존재는 스스로 존재하려는 힘, 즉 코나투스(conatus)를 지닌다.
이것이 생명과 존재의 본질이었다.

쇼펜하우어와 '우주적 의지'

쇼펜하우어는 스피노자의 사상 중 일부에 깊이 공감했다. 그는
자연 속 모든 존재를 움직이게 하는 근원적 힘인 코나투스를 자신의
개념인 의지(Wille)로 재해석했다.
"생명의 겉모습은 달라도, 그 속에는 동일한 의지가 흐른다."
그에게 세계는 겉으로는 다양해 보이지만, 그 바탕에는 하나의
동일한 우주적 의지가 흐르고 있었다. [3]

세계의 고통과 욕망

그러나 쇼펜하우어는 스피노자의 다소 조화로운 세계관이 "세상의
고통과 잔혹함"을 설명하지 못한다고 생각했다. 약한 동물이 강한
동물에게 잡아먹히고, 인간이 서로 상처 주고 다투는 것 역시
자연의 일부였다. 그래서 그는 말했다.
"의지는 허기진 의지이기 때문에 스스로를 먹어치우며 살아간다."
그에게 세계는 조화로운 신적 질서라기보다 욕망이 충돌하는
투쟁의 장이었다.

관점의 전환: 코나투스에서 의지로

쇼펜하우어는 스피노자의 생각에 그대로 머물지 않았다. 그는
스피노자의 철학이 인간의 고통과 악의 문제를 충분히 다루지
못했다고 보았다. 그래서 이 문제를 더 깊이 생각하기 위해,
스피노자가 말한 코나투스를 '의지'라는 개념으로 한층 더
밀어붙였다.
스피노자에게서 코나투스는 각 존재가 자기 자신을 유지하고
살아가려는 생명 긍정의 힘이며, 개별 존재의 본질에 해당한다.

반면 쇼펜하우어가 말한 의지는 목적도 방향도 없는 맹목적인
갈망으로, 인간과 세계를 끊임없이 괴롭히는 고통의 근원이 된다.
이처럼 두 개념은 겉보기에는 비슷해 보이지만, 세계를 바라보는
관점에서는 결정적으로 다르다. 바로 이 관점의 전환 때문에
쇼펜하우어는 세계를 낙관이 아닌 비관의 시선으로 이해하게
되었고, 이것이 그의 철학 전체를 떠받치는 중요한 토대가 되었다.

유물론 비판과 인간 고통

쇼펜하우어는 유물론도 비판했다. 세계가 단순히 물질로만
이루어졌다는 설명은 인간의 고통이 왜 반복되는지 충분히
설명하지 못한다고 보았다. 그에 따르면 고통의 근원은 외부가
아니라 내면의 끊임없는 욕망이었다. 욕망은 충족되어도
새로운 욕망을 낳고, 이 과정은 무한히 순환한다.
따라서 인간은 본질적으로 고통을 피할 수 없다.

결론

쇼펜하우어에게 세계의 고통 문제는 추상적인 철학
개념이 아니라 인간이 실제로 겪는 삶의 현실이었다.
그는 우주적 의지 개념을 통해 세계의 본질을
이해하려 했고, 그 속에서 인간 존재의 고통과 해방의
가능성을 탐구했다.

04
/
기독교 신앙과
쇼펜하우어

정통 교리에 대한 비판적 시각

쇼펜하우어는 기독교 문화권에서 자랐지만,

전통적 교리를 그대로 받아들이지는 않았다.

그는 교회가 말하는 신·영혼·천국 같은 개념을 부정했다.

그 대신 기독교의 도덕적 정신을

자신의 철학 언어로 재구성하려 했다.

원죄와 욕망의 문제

기독교의 '아담의 원죄'는 인간이 본래 죄성을 갖는다는 교리다.
그러나 쇼펜하우어는 이를 역사적 사건이라기보다는 인간 본성에
대한 상징적 설명으로 이해했다. 그는 인간의 본능적 욕망을
'타락'이라는 말보다 "인간 존재의 조건"에 가까운 것으로 보았다.
그가 본 욕망은 다음과 같다:

- 식욕
- 성욕
- 쾌락을 향한 충동

이 모든 것은 생명을 유지하려는 맹목적 힘, 즉 우주적 의지의
표현이었다. 그는 특히 성적 욕망을 고통의 근본 원인 중 하나로
보았다. 성욕이 새로운 생명을 낳고, 그 생명은 다시 고통의 세계로
던져지기 때문이었다.

예수의 금욕적 삶과 상징성

기독교는 예수를 신적 존재로 보고 그의 죽음을 속죄 사건으로 이해한다. 그러나 쇼펜하우어는 예수를 초월적 존재라기보다, 욕망을 초월한 도덕적 이상을 구현한 인물로 간주했다. 그에게 예수의 십자가는 인류의 죗값을 대신 갚았다는 의미보다, 욕망을 부정하며 고통을 감수한 금욕적 삶의 상징이었다. 그는 기독교의 '은총을 통한 구원' 사상을 받아들이지 않았다.

그의 철학에는 :

- 초월적 신
- 영혼
- 천국

이 존재하지 않았기 때문이다. 따라서 인간은 스스로 욕망을 극복하는 길을 통해 해방에 가까워질 수 있다고 보았다.

- 쇼펜하우어는 기독교적 환경에서 자랐지만 초월적 신·영혼·천국 개념을 철학적으로 비판하며 자연주의적 관점으로 나아갔다.
- 원죄는 인간 본성의 상징적 개념으로 이해했다.
- 성욕은 고통의 근본 원인 중 하나로 보았다.
- 예수는 금욕적 인간의 전형으로 재해석되었고, 인간은 스스로 욕망을 다스림으로써 고통에서 벗어날 수 있다고 보았다.

쇼펜하우어의 철학
: 고통의 세계에서 벗어나는 길

쇼펜하우어 철학의 중심에는 두 가지 핵심 개념이 있다.

하나는 우주적 의지, 다른 하나는 개체화 원리이다.

이 두 축을 중심으로 그는 인간의 고통, 구원의 가능성,

금욕과 고독의 의미, 그리고 비관주의적 세계관을 설명하였다.

이 장에서는 그의 철학을 구성하는 다섯 가지 핵심 사유를

차례로 살펴보고자 한다.

01

/

우주적 의지란
무엇인가?

우주적 의지의 정의

먼저, 쇼펜하우어가 말한 '우주적 의지'가 무엇인지 살펴보자.
우리가 사는 세계는 시간과 공간 속에서 움직이며, 모든 것은
원인과 결과의 법칙을 따른다. 사람과 동물, 식물, 자연현상에
이르기까지 세상은 충동과 욕망에 의해 움직인다. 욕망이 원인이
되고, 행동이 그 결과로 이어진다.
쇼펜하우어는 이 모든 존재를 움직이게 하는 힘(코나투스), 즉 눈에
보이지 않으나 모든 것을 지배하는 그 근원을 우주적 의지라고
불렀다.
그에게 우주적 의지는

- 모든 존재를 움직이는 근원적 원리
- 동시에 이성 없이 작동하는 맹목적 충동

이었다. 인간의 욕망과 본능을 넘어 우주 전반에 흐르는 힘, 바로
이것이 쇼펜하우어가 본 세계의 핵심이었다.

맹목성과 고통의 근원

그러나 이 의지는 맹목적이다. 욕망을 끝없이 추구하지만 실제로 만족을 얻지 못한다. 쇼펜하우어는 이 끝없는 결핍을 모든 고통의 근원으로 보았다. 살아 있는 모든 존재가 고통받는 이유는 바로 이 끊임없는 욕망의 흐름, 즉 우주적 의지 때문이다.

신과 초월적 존재에 대한 비판적 관점

쇼펜하우어는 힌두교의 브라만이나 기독교가 상정하는 초월적 신 개념처럼 세계 밖에서 세계를 다스리는 존재를 인정하지 않았다. 그에게 세상을 움직이는 힘은 신이 아니라 자연 자체이며, 그 자연의 심층적 원리가 우주적 의지였다. 그러나 이 의지는 선하거나 도덕적이지 않고, 고통과 모순을 낳는 맹목적 자연의 힘에 가까웠다. 영혼, 천국, 초월 세계 역시 그의 관점에서는 인간이 만들어낸 상징적 개념으로 이해되었다.[4]

인간 존재와 불교적 유사성

쇼펜하우어에게 인간은 특별한 영적 존재라기보다 몸과 의지가
결합한 유한한 생명체였다.

이 점에서 그의 사상은 불교의 오온(五蘊) 개념과 닮아 있다. [5]

인간은 몸과 마음의 결합체로서 끊임없이 변화하며,

욕망 때문에 고통을 겪는 존재라는 것이다.

02

/

개체화 원리란
무엇인가?

인간과 세상의 만남

쇼펜하우어의 개체화 원리는 우리가 세상을 어떻게

받아들이는지에 대한 설명에서 출발한다.

인간은 감각을 통해 세계를 인식한다.

그는 이러한 감각적 인식을 '직관(intuition)'이라 불렀다.

우리가 보는 세계는 사물 그 자체가 아니라

감각을 통해 주어지는 '현상'일 뿐이다.

이것이 개체화 원리의 출발점이다.

존재의 덧없음

모든 존재는 현상이며, 시간과 공간 그리고 원인과 결과의
법칙이라는 틀 안에 놓여 있다. 그러므로 그 어떤 것도 영원할 수
없으며, 결국은 사라진다. 모든 존재는 무(無)에서 와서 죽음을
통해 다시 무로 돌아간다. 인간 역시 예외가 아니다. 태어남과 소멸은
자연의 순환일 뿐, 특별한 목적이나 의미가 부여된 것은 아니다.

우주적 의지와 개체화

생명체의 탄생과 죽음은 우주적 의지가 시간 속에서 자신을
드러내는 과정이다. 개체화란 우주적 의지가 한 순간, 하나의
개체로 모습을 나타내는 사건이다. 개체는 잠시 나타났다
사라지며, 자연의 전체 흐름 속에서 특별한 지위를 갖지 않는다.
자연은 전체의 순환을 위해 작동할 뿐, 한 개체의 삶이나 죽음에
개별적 의미를 부여하지 않는다.

인간과 우주 속 자리

인간은 우주적 의지의 일부로 태어나고, 죽으면 다시 그 흐름으로
되돌아간다. 자연은 영원하지만 인간은 잠시 나타나는 작은
파동에 불과하다.

깨달음과 고통에서의 해방

개체화 원리를 깨닫게 되면 인간은 자신이 우주의 조그마한
일부임을 이해하게 된다. 그러나 이 깨달음이 없다면 인간은 자기
자신을 우주의 중심이라고 착각하며 욕망·경쟁·집착 속에서
고통을 반복하게 된다. 따라서 개체화 원리를 이해하는 것은
욕망의 굴레에서 벗어나는 첫걸음이다.[6] 이 깨달음은 욕망을
다스릴 힘을 주고, 고통을 넘어서는 지혜를 얻게 한다.

03

/

고통과 구원

쇼펜하우어에게 인간의 삶은

처음부터 끝까지 고통의 세계였다.

그 이유는,

인간의 몸과 마음이 맹목적인 의지의 흐름 속에서

끊임없이 움직이기 때문이다.

인간은 욕망 덩어리

그는 인간을 이렇게 묘사했다.

"인간은 수많은 욕망으로 이루어진 존재, 곧 욕망 덩어리이다."

모든 욕망의 밑바탕에는 결핍이 있으며, 그 결핍이 곧 고통이다.

우리는 태어나는 순간부터 욕망의 세계로 들어서며, 삶 전체가

고통과 함께 시작된다.

욕망과 고통의 끝없는 순환

욕망이 충족되지 않으면 고통이 되고, 충족되는 순간에는 새로운

욕망이 생긴다. 만약 욕망이 모두 사라진다면 이번에는 무료함과

권태가 인간을 지배한다. 인간은 고통 ↔ 권태, 이 두 축 사이를

끝없이 오가며 살아간다. 삶은 욕망을 따라 움직이지만 그 끝에는

언제나 죽음이 기다린다.

죽음과 고통으로부터의 해방

쇼펜하우어는 이렇게 말했다.

"인간은 죽음을 향해 나아가는 존재다."

그러나 그에게 죽음은 단순한 끝이 아니라, 욕망이 소멸하는

순간이며 고통이 멈추고 평온이 찾아오는 해방의 문이었다.

고통에서 벗어나는 길

고통은 삶의 본질이지만 그럼에도 벗어날 길이 있다.

그 길은 바로 우주적 의지의 부정,

즉 욕망을 끊는 것이다.

욕망을 버리고 금욕적인 삶을 선택할 때

인간은 고통의 굴레에서 벗어나

평온에 이를 수 있다.

04
/
금욕과 절제
그리고 고독의 삶

쇼펜하우어에게 금욕은 인간을 고통에서 건져내는
가장 중요한 길이었다. 인간은 끊임없이 무언가를 원한다.
욕망이 충족되면 잠시 기뻐하지만
곧 또 다른 욕망이 생겨 새로운 고통을 만든다.
이 욕망의 근원은 우주적 의지이므로
고통에서 자유로워지려면 의지를 거부하는 삶,
즉 금욕이 필요하다.

금욕의 본질

금욕은 단순히 욕망을 억누르는 것이 아니다. 욕망의 뿌리를 끊고,
그 근원을 부정하는 삶이다. 금욕의 핵심은 다음과 같다.

- 욕망의 근원인 우주적 의지를 부정한다.
- 성욕, 식욕, 쾌락 욕구 등 본능적 욕망을 제어한다.[7]
- 그 결과 의지로부터 자유로워지고 내적 평화를 얻는다.

절제: 내적 평화를 위한 조건

절제는 도덕적 덕목이라기보다 고통의 근원인 욕망을 다루기 위한
실천이다. 욕망을 절제할 때 우리는 개체화의 굴레에서 조금씩
벗어나 내적 평화를 조금씩 맛볼 수 있다.

절제와 금욕의 단계

절제는 욕망을 조절하는 초기 단계이며 금욕은 욕망을 완전히
부정하는 궁극의 단계이다. 쇼펜하우어는 절제를 통해 고통을
줄이고, 금욕을 통해 궁극적 해방에 도달할 수 있다고 보았다.

고독: 내적 성찰의 공간

고독은 단순한 외로움이 아니라 욕망을 직시하고 통제할 수 있는
시간이다. 세상의 소음에서 벗어나 자기를 돌아보는 조용한 공간
- 그것이 고독이다. 고독은 금욕의 삶을 가능하게 하는 조건이며,
인간을 내면의 자유로 이끄는 통로다. [8]

자력(自力)적 평온

쇼펜하우어에게 '구원'은 초월적 도움이 아닌, 인간 스스로 이루는
과정이었다. 절제·금욕·고독을 통해 욕망에서 벗어날 때 비로소
내적 평화가 찾아온다.

05

/

쇼펜하우어의 비관주의: 고통의 세계

세상은 고통으로 가득하다

쇼펜하우어는 세계를 가혹한 고통의 장소로 보았다. 그는 이렇게
말했다.

"이 세계는 피로 물든 황야다. 불안과 고통에 시달리는 생물들이
서로 물어뜯고 있다."

자연은 아름다워 보이지만 그 속은 약육강식의 세계다. 모든
생명체는 살아남기 위해 싸우며 인간 역시 그 싸움에서 벗어나지
못한다. 그는 인간 세상을 이렇게 묘사했다.

"인간의 세상은 고통과 불행으로 가득 차 있다. 사악함이 세상을
지배하고, 어리석음이 큰 목소리를 낸다."

욕망, 불안, 외로움, 실망, 정신적 고통 - 이 모든 것은 결코 충족될
수 없는 욕망, 즉 우주적 의지에서 비롯된다.

고통을 외면하는 삶의 위험

쇼펜하우어는 세상을 무조건 낙관적으로 바라보는 태도를 오히려
위험하다고 보았다. 고통을 직시하지 않으면 우리는 통제되지 않은
충동과 본능에 끌려가는 삶을 살 수밖에 없기 때문이다.

구원의 길: 고독·절제·금욕

그가 제시한 해방의 길은 세 가지이다.

1. 고독 : 자신을 성찰할 수 있는 공간
2. 절제 : 욕망을 줄이며 마음을 다스리는 훈련
3. 금욕 : 욕망의 뿌리를 끊고 의지를 부정하는 삶

특히 금욕은 단순한 절제가 아니라 의지 자체의 근본적
부정이었다. 그는 성욕을 가장 강한 의지의 표현으로 보았고,
금욕은 바로 이 욕망의 단절에서 시작된다고 보았다.
소유·쾌락·명예를 내려놓고 자기보존 의지마저 약화될 때,
자아와 고통이 함께 소멸하며 평정에 이른다고 보았다.
이 경지는 극소수의 수행자만이 도달할 수 있으며, 이는 불교
법구경의 가르침 - "청정을 구하는 삶의 어려움" - 과도 맞닿아 있다.

쇼펜하우어는 예술을 또 다른 해방의 통로로 보았다.

"예술은 고통을 잊게 하며, 우리를 의지에서 해방시킨다."

그는 특히 음악을 가장 순수한 예술로 평가했다.

음악을 들을 때 인간은 자아·욕망·고통을 잠시 잊고

순수한 관조의 상태에 들어간다.

그 순간, 인간은 우주적 의지로부터 잠시 자유로워질 수 있다.

니체도 이를 인정하며 말했다.

> "음악은 세계 그 자체이며,
>
>   자연이 만들 수 있는 최고의 선율이다."

삶의 고통과 해방

쇼펜하우어 철학은 결국 이렇게 묻는다.
"삶의 고통은 어디에서 비롯되며,
인간은 어떻게 그것에서 벗어날 수 있는가?"
그의 대답은 분명하다.

- 고통은 맹목적인 우주적 의지에서 비롯되며
- 욕망을 버리고 절제·금욕·고독의 삶을 살 때 해방이 가능하다

그의 철학은 삶의 어두운 면을 외면하지 않은 사유였으며, 그 어둠
속에서 참된 자유와 평온에 이르는 길을 모색한 결과였다.

쇼펜하우어가 직시한 이 비극적 세계관은 우리에게 하나의
절박한 질문을 던진다. 만약 세계의 본질이 맹목적인 의지이며,
그 결과가 고통뿐이라면, 인간에게 과연 희망이 있는가?
그러나 역설적이게도 쇼펜하우어에게 비관주의는 절망의 끝이
아니라, 오히려 구원을 향한 절실한 요청의 시작이 된다.

고통을 외면하지 않고 그 심연을 똑바로 마주할 때,
비로소 '이대로는 안 된다'는 자각과 함께 해탈과 구원의 필요성이
고개를 들기 때문이다.

이제 제4부에서는,
쇼펜하우어의 사유가 드러내는 인간적 한계를 바탕으로,
각 종교 전통들이 이 문제를 어떻게 다루어 왔는지를 살펴본다.

제4부

쇼펜하우어와 종교

쇼펜하우어의 종교관은 일반적인 신앙의 모습과 다르다.
그의 종교는 성전, 제사, 예배 같은 의식(Ritual)에 기초하지 않는다.
그는 초월적 존재나 신의 도움을 기대하기보다,
인간이 겪는 고통과 욕망의 근원을 스스로 직면하는 데서
해방의 길을 찾았다.
그에게 종교란 믿음의 영역이라기보다

- 현실을 직시하는 인식
- 이성적 사고보다 직관
- 그리고 기도의 실천보다는 욕망의 부정

에 가까운 것이었다. 종교는 인간이 자신의 삶을 읽어내고,
욕망에서 조금씩 자유로워지기 위한 철학적이면서도
실천적인 길이었다.

01

/

구원의 개념과 과정

쇼펜하우어에게 구원의 첫걸음은 세상이 고정된 실체가 아니라
'개체화된 현상'일 뿐임을 꿰뚫어 보는 통찰에서 시작된다.
그가 말하는 구원이란

- 욕망과 의지를 놓아버리고
- 우주적 의지의 굴레에서 벗어나
- 내적 평온에 이르는 상태였다.

그는 이 과정을 여섯 단계로 설명한다.

1단계: 감각기관을 통한 '직관' - 개체화의 원리를 깨닫다

인간이 세계를 인식하는 방식은 감각뿐이다. 우리가 보고, 듣고,
만지고, 맡고, 맛보지 못한다면 그것을 '있다'고 말하기 어렵다.
따라서 감각을 통해 경험하는 세계, 곧 현상 세계가 인간이 도달할
수 있는 유일한 실재이다.

쇼펜하우어는 다음과 같이 생각했다.

- 진리는 초월적 차원에서 주어지는 것이 아니라
- 감각과 직관이라는 가장 인간적인 길을 통해 얻어진다

즉, 논리적 증명보다 감각적 통찰이 더 깊은 진리에 가깝다는
것이다.

2단계: 우주적 의지의 발견

감각과 직관으로 세계를 바라보면 모든 생명과 현상 뒤에서
작동하는 거대한 힘이 느껴진다. 쇼펜하우어는 그 힘을 우주적
의지라 불렀다. 우주적 의지는 끊임없이 욕망을 일으키며 인간에게
결핍과 고통을 만들어낸다. 우리가 느끼는 충동, 욕망, 불안, 갈망 -
이 모든 것은 결국 이 우주적 의지의 흐름에서 생겨난 것이다.

3단계: 인식의 전환 - 고통의 근원을 직면하다

이 단계에서 인간은 근본적인 깨달음에 이른다.

- 우리가 따르는 욕망과 충동은
- 사실 고통의 원천이며
- 우주적 의지의 족쇄라는 사실

사물의 표면이 아니라 그 이면의 동력을 보게 될 때 욕망을
벗어나는 첫 실마리가 보인다.

4단계: 욕망을 버리려는 새로운 의지

우주적 의지를 이해한 사람은 이전처럼 욕망을 좇아 살아가려 하지
않는다. 욕망의 불꽃은 불씨가 약해지듯 점점 사그라든다.
삶에 대한 집착이 약해지고 쾌락·성공에 대한 갈망이 조금씩
가라앉는다. 이 단계는 불교 사성제의 '멸(滅)' - 욕망이 사라지는
순간 - 과도 연결된다. 이때 인간 안에서는 욕망을 부정하고 삶을
넘어서고자 하는 새로운 결심이 생겨난다.

5단계: 금욕적인 삶 - 평온으로 향하는 길

쇼펜하우어는 금욕을 "해방을 향해 걸어가는 삶의 방식"이라
보았다. 금욕은 단순히 참는 행위가 아니라 삶의 방향을 완전히
바꾸는 일이다. 그는 말했다.

"편안함을 거부하고 스스로 불편함을 선택하는 것이 금욕이다."
금욕적 인간은

- 욕망을 줄이고
- 소유와 쾌락을 멀리하며
- 자신에게 편한 길보다 더 깊은 성찰의 길을 선택한다

그는 이를 "스스로 속죄하는 삶"이라 불렀다.

6단계: 사랑과 동정심 - 윤리의 완성

욕망과 자기 중심성은 우리가 개체화의 원리를 깨닫지 못할 때
생겨난다. 그러나 모든 존재가 유한하고 고통받는다는 사실을
이해하는 순간, 자연스레 동정심(연민)이 싹튼다. 나와 타인의
경계가 흐려지고, 모든 존재가 같은 고통의 조건 안에 있다는
사실을 깨닫는다.

이 연민은 단순한 감정이 아니라 윤리의 최고 단계이며,

종교의 핵심 정신과도 닿아 있다.

붓다가 말한 자비의 마음 - 무아적 사랑 - 과도 깊이 만난다.

쇼펜하우어에게 사랑과 연민은 의지를 벗어난 사람이 도달하는

마지막 경지였다.[9]

02

/

종교의 본질로서의 윤리

종교는 '믿음'이 아니라 '윤리적 실천'

쇼펜하우어는 종교를 초월적 존재에 대한 믿음으로 보지 않았다.
그에게 종교의 본질은 신을 믿는 것이 아니라 욕망을 버리고,
사랑과 연민을 실천하는 것이었다. 윤리는 개체화의 원리를 깨달을
때 시작된다. 모든 생명은 잠시 나타났다가 사라지는 유한한
존재이며 죽음으로 돌아간다는 사실을 직시할 때 욕망을 내려놓고
평온으로 나아갈 수 있다.

욕망의 부정과 금욕

욕망의 부정은 종교적 실천의 출발점이다. 금욕은 삶에 대한
본능적 의지를 줄이고, 우주적 욕망의 흐름에서 벗어나려는
시도이다. 쇼펜하우어는 금욕을 기독교의 자기부정과 '자신에게
부여된 십자가를 지는 태도'와 유사하게 보았다. 그러나 이러한
유사성에도 불구하고, 기독교 전통과 쇼펜하우어의 사유는 인간이
고통에서 벗어나는 길을 어디에서 찾는가라는 질문 앞에서 서로
다른 방향으로 나아간다.

이러한 관점은 일정한 설득력을 지니지만, 동시에 몇 가지 문제점을 함께 드러낸다.

1. 각 종교의 고유성이 흐려질 수 있다

쇼펜하우어는 붓다의 가르침을 주로 금욕과 연민이라는 윤리적 틀로 이해했다. 그러나 이렇게 바라볼 경우, 붓다가 브라만교의 계급 제도와 동물 희생 제사를 비판하며 새로운 종교의 길을 열었던 개혁자였다는 역사적 의미는 충분히 드러나지 않는다.

기독교에서도 상황은 비슷하다. 예수의 삶과 죽음이 전한 '은총'과 '용서'의 메시지는, 유대교 전통에서 중시되던 율법과 공로 중심의 신앙 이해를 넘어서는 하나의 급진적인 전환으로 해석되어 왔다. 그러나 이러한 의미는 쇼펜하우어의 금욕주의적 해석 안에서는 충분히 드러나지 않는다.

그 결과, 각 종교가 지니고 있던 고유한 색채는 흐려지고, 서로 다른 길을 걸어온 종교들이 모두 '윤리적 금욕'이라는 하나의 틀로 묶여 버리게 된다.

2. 힌두교 고행의 본래 목적이 달라진다

힌두교의 고행은 단순한 욕망 억제가 아니라 신과 하나 되려는

종교적 열망에서 시작되었다.

그러나 붓다는 이러한 '종교적 열망'까지도 집착이라고 보고

넘어서려 했다. 겉보기에는 둘 다 금욕이지만

그 목적과 세계관은 전혀 다르다.

이 차이를 무시하고,

모든 종교를 '욕망 부정'이라는 하나의 공식으로 묶은 것은

쇼펜하우어 사상의 약점이 된다.

03

/

죄로서의 성욕

성욕과 원죄

쇼펜하우어는 여러 욕망 가운데서도 특히 성욕을 가장 중요하게 보았다. 그 이유는 분명했다. 성욕이 충족되면 새로운 생명이 태어나고, 그 생명은 다시 고통으로 가득한 세계에 던져진다고 보았기 때문이다. 그래서 그는 성욕을 '고통을 끊임없이 이어가는 원죄'에 비유했다. 여기서 말하는 '원죄'는 기독교의 교리적 의미가 아니라, 고통을 반복시키는 근원적인 힘을 가리키는 상징적인 표현에 가깝다.

이러한 생각은 붓다의 금욕 사상과도 맞닿아 있다. 붓다에게도 삶은 고통의 연속이었고, 출산은 그 고통이 또 다른 존재에게 이어지는 과정으로 이해되었다. 전승에 따르면, 그가 야수다라를 아내로 맞아들이며 다음과 같이 말했다고 전해진다.

"나에게 시집오는 아내는 결코 행복하지 않으리라. 자식이 태어난다면 그 아이들 역시 불행할 것이다. 인생은 무상하고, 인간은 누구도 죽음을 피할 수 없다."
_무샤고지 사네아츠, 《붓다》

이 말은 붓다가 삶과 출산을 기쁨만이 아닌, 고통의 연쇄로
보았다는 사실을 잘 보여준다. 쇼펜하우어가 성욕을 고통의
근원으로 규정한 이유도, 바로 이러한 세계 이해와 맞닿아 있다.

성욕의 단념과 금욕

쇼펜하우어에게 성욕은 인간 의지가 가장 강하게 드러나는
욕망이었다. 그래서 그는 성욕이 이성만으로는 완전히 통제되기
어렵다고 보았다. 그는 성서에 등장하는 아담의 타락 이야기를
성적 욕망을 상징적으로 표현한 신화적 이야기로 이해했다.
쇼펜하우어에 따르면 생식기는 인간의 의지가 가장 직접적으로
드러나는 기관이다. 그래서 인간은 성행위를 자연스럽게 감추려
하고, 그것이 사람들에게 노출될 때 수치심을 느낀다고 보았다.

이러한 관점에서 볼 때, 성욕을 내려놓는다는 것은 단순히 욕망
하나를 억누르는 일이 아니라, 삶에 대한 의지 자체를 포기하는 데
가까운 행위다. 그렇기에 이는 극도의 자기 절제를 요구한다.

그래서 쇼펜하우어에게 성욕의 절제는 그가 이해한 종교적 실천에서 매우 중요한 자리를 차지하며, 금욕의 가장 높은 단계로 간주되었다. 여기서 말하는 '죄'와 '금욕'은 도덕적 비난을 뜻하는 것이 아니라, 고통을 끊으려는 철학적 시도로 이해할 수 있다.

04

/

자연을 통한
철학적 직관

감각을 통한 세계의 이해

쇼펜하우어가 말하는 '종교'는 초월적 계시나 기적 같은 체험이
아니다. 그에게 종교는 감각으로부터 출발해 직관으로 완성되는
사유 방식에 더 가까웠다.

- 눈으로 보고
- 귀로 듣고
- 손으로 만지고
- 냄새 맡고
- 맛보는 그 순간들 속에서

인간은 세계와 자연의 본질을 감각적 경험을 바탕으로 통찰한다.
따로 특별한 종교 체험이 있어야 하는 것이 아니다. 자연을 깊이
바라보는 것 자체가 이미 일종의 '종교적 체험'이 될 수 있다고 그는
보았다. 그에게서 '종교'란 하늘에서 내려오는 메시지가 아니라,
현실 세계와 삶을 객관적으로 바라보는 태도였다.

철학적 직관의 산물

프랑스 철학자 셀린 벨로크는 이렇게 평가했다.

"쇼펜하우어의 종교적 사유는 신비주의가 아니라 감각 경험과

철학적 직관에 기반한다."

그에게 종교는 신비하거나 초월적인 계시가 아니라, 세계와 인간을

바라보는 과학적이고 합리적인 눈을 여는 과정, 곧 붓다가 말한

'올바른 새김'에 가까운 태도였다. 자연을 깊이 관찰하고 그 속에서

인간 존재의 본질을 읽어낼 때, 비로소 종교적 통찰에 도달한다고

그는 생각했다.

제5부

쇼펜하우어와 붓다
: 고통을 넘어서는 두 사유의 만남

쇼펜하우어는 젊은 시절 기독교 문화권 속에서 자라났지만,
철학적 탐구가 깊어지면서 점차 초월적 신 개념을 받아들이지
않는 방향으로 나아갔다. 이러한 변화는 단순한 신념의 전환이
아니라, 인간 고통의 근원을 이해하려는
그의 치열한 사유 과정에서 비롯된 것이었다.
그는 여러 사상 가운데서도 특히 붓다의 가르침에서 깊은 영감을
받았다. 붓다의 사상은 그가 기존의 종교적 관념을 비판적으로
성찰하고 스스로의 철학을 세워가는 데 중요한 지적 자극이
되었으며, 인간 고통을 바라보는 그의 관점에도
깊은 흔적을 남겼다.

01
/
사상적 연결점

싯다르타, 곧 붓다의 사상은 크게 세 가지 특징으로 요약할 수 있다.

첫째, 모든 존재가 끊임없이 변한다는 무상(無常),

둘째, 변화하는 세계 속에서 인간이 피할 수 없는 고통(苦痛)의 현실,

셋째, 변하는 것들 가운데 영원한 자아가 없다는 무아(無我)이다.

이 세 관점은 인간 고통의 근원을 밝히는 불교의 핵심 틀이며,
쇼펜하우어 역시 이 구조 안에서 자신의 철학을 새롭게 비추어
보았다. 그는 세계를 고통의 장으로 이해했고, 고통을 일으키는
근본 원인을 탐구한 점에서 붓다의 문제의식과 깊이 만났다.

연기론: 세상은 서로 연결되어 있다

연기론은 세상의 모든 존재가 서로 의존하며 어느 것도 고립적으로

존재하지 않는다는 깨달음이다. 변화하지 않는 실체는 없고,

세상은 끊임없는 흐름과 관계 속에서 존재한다.

이 사상은

- "자연이 곧 신이다"라고 본 스피노자의 관점과 맞닿고,
- 쇼펜하우어가 말한 우주적 의지 개념과도 연결된다.

우주적 의지는 개별 존재들을 분리시키는 듯 보이지만, 실제로는

모든 흐름 뒤에서 작동하는 하나의 거대한 힘이었다.

무아론: 변하지 않는 자아는 존재하는가?

무아론은 영원하고 독립된 '참된 자아'가 존재하지 않는다는 불교의 통찰이다. 불교에는 윤회를 실제 현상으로 이해하는 해석도 있지만, 붓다의 가르침은 윤회를 역사적 실재라기보다는 상징적 구조로 이해될 수 있다.

쇼펜하우어도 비슷한 관점을 취했다.

- 그는 영혼의 실체적 존재를 인정하지 않았고
- 죽음을 하나의 끝으로 보았으며
- 사후세계의 존재도 받아들이지 않았다.

붓다의 제자 싸리뿟따와 우다이의 대화는 그의 관점과 비슷한 면이 있다.

"열반은 즐거움이다."

"감정이 없는데 어떻게 즐거울 수 있는가?"

"감정 자체가 없다는 것이 즐거움이다."

쇼펜하우어는 이 말에 깊이 공감했다. 그에게 죽음은 정신적·육체적 고통뿐 아니라 모든 불안과 집착까지 소멸되는 순간이었다. 그는 죽음을 하나의 해방으로 이해했다.

인생무상론: 모든 것은 변한다

붓다는 "죽음은 피할 수 없는 자연의 이치이며 두려움의 대상이
아니다"라고 말했다. 삶이 덧없다는 사실을 온전히 받아들이게
되면, 오히려 마음은 더 자유롭고 평온해질 수 있다. 쇼펜하우어의
심미적 관조는 이러한 태도와 닮아 있다. 욕망을 내려놓을 때야
비로소 세상의 아름다움이 있는 그대로 드러나기 때문이다.

쇼펜하우어와 붓다의 공통된 결론

두 사상가는 다음과 같은 통찰에서 만난다.

- 욕망을 줄일 때 인간은 평온해진다.
- 구원(해탈)은 신적 개입보다 인간의 정신적 성찰에서 시작된다.

쇼펜하우어는 이를 '인식의 전환', 붓다는 '깨달음(명지)'이라 불렀다.
붓다가 브라만교의 신 중심적 세계관을 넘어 자기 스스로의
깨달음에 도달했듯, 쇼펜하우어도 기독교 전통의 신 개념을
비판적으로 재검토하며 철학적 사유로 새로운 길을 열었다.

02
/

쇼펜하우어와
붓다 사상의 유사성

쇼펜하우어는 서양 철학자이지만 그의 사상에는 동양적 색채가 짙게 배어 있다. 특히 붓다의 가르침과 놀라울 만큼 닮아 있어 그는 종종 '현대의 붓다'라 불린다. 두 사상의 구체적 접점을 하나씩 살펴보면, 그 유사성이 더욱 분명하게 드러난다.

1. 신의 부정

- 붓다 : 연기론과 무아론은 궁극적으로 세계를 설명할 때 초월적 신 개념을 필수로 전제하지 않는 길을 연다. 붓다는 존재의 모든 현상을 서로 의존하는 연기 구조로 파악했으며, 그 속에 독립적이며 절대적인 신이 개입할 자리를 두지 않았다.

- 쇼펜하우어 : 인격적 신은 존재하지 않는다고 보았고, 우주 전체를 움직이는 것은 우주적 의지, 곧 자연법칙뿐이라고 이해했다.

☞ 이런 점에서, 신 개념 없이도 세계를 설명하려는 방향에서 두 사상은 깊은 연관성을 지닌다.

2. 삶은 고통이다

- 붓다 : 사성제의 첫째 진리인 고제(苦諦)는 "삶은 고통이다"라는
  통찰을 드러낸다. 그는 인간의 실존 조건을 있는 그대로 보여
  주며 고통의 보편성을 강조했다.

- 쇼펜하우어 : 욕망은 끝없이 새로 생겨나고 결코 완전히
  충족되지 못하기 때문에 인간의 삶은 본질적으로 고통일 수밖에
  없다고 보았다.

☞ 이렇게 두 사람 모두 삶을 고통의 구조로 파악했다는 점에서
  놀라운 공통점이 드러난다.

• 붓다 : 고통은 탐욕(貪)과 무지(無明)에서 비롯된다.
  이 두 가지가 사성제의 두 번째 진리인 집제(集諦)의 핵심이다.

☞ 즉 고통은 마음의 집착과 존재의 실상을 바르게 보지 못하는
  무지에서 생겨난다는 것이다.

• 쇼펜하우어 : 고통의 뿌리는 자기중심적 욕망, 곧 모든 생명을
  움직이는 우주적 의지에 있다.

☞ 욕망을 고통의 근원으로 본 관점은 두 사상이 거의 평행선상에
  놓여 있다.

4. 영혼의 부정

- 붓다 : 영원하고 불변하는 자아는 존재하지 않는다는
  무아론(無我論)과 인간을 다섯 요소의 집합으로 보는
  오온설(五蘊說)은 '영혼'이라는 고정된 실체를 인정하지 않는다.

☞ 불교는 "나는 영원한 실체가 아니다"라는 통찰을 중심에 둔다.

- 쇼펜하우어 : 인간은 영원한 자아가 아니라, 육체와 감정이
  만들어내는 하나의 현상에 가깝다고 보았다. '영혼'이라는
  독립적 실체 역시 인정하지 않았다.

☞ 이렇게 쇼펜하우어도 실체적 자아를 인정하지 않았다는 점에서
  불교의 무아론과 닮아 있다.

- 붓다 : 삶은 유한하며, 죽음은 그 유한한 생이 마무리되는 지점이다. 석가모니가 말한 인생무상은 이러한 통찰에서 비롯되었다. 그는 죽음을 통해 고통이 멈춘다는 점에서, 사후의 열반, 즉 무여의 열반을 인간의 궁극적 해방으로 보았다. 이에 비해 생전의 열반, 즉 유여의 열반은 정신적 고통에서 벗어날 수는 있으나, 육신이 생존하는 한 육체적 고통은 남아있다고 이해했다. 그러므로 죽음이야말로 "모든 고통의 끝"이고, 진정한 해탈이 완성되는 지점이다.

- 쇼펜하우어 : 죽음은 개인의식의 완전한 소멸이며, 그에게 그것은 궁극적 해방을 의미했다.

☞ 죽음을 통해 고통이 멈춘다고 본다는 점에서 두 사상은 분명한 접점을 이룬다.

6. 윤회와 해탈

- 붓다 : 석가모니는 업(業)이나 영혼과 같은 전통적인 윤회설을
  그대로 따르기보다, 윤회를 윤리적·실존적 경고 장치로
  이해했다.

☞ 즉 윤회는 실제로 세상에서 경험할 수 있는 사건으로 보기보다,
  사필귀정이나 인과응보의 원리처럼 삶의 집착을 돌아보게 하고
  욕망을 경계하게 만드는 상징적 틀에 가까웠다.

- 쇼펜하우어 : 윤회를 현실 세계에서 그대로 일어나는 사건으로
  보기보다는, 권선징악의 원리를 설명하기 위한 하나의
  이야기로 이해했다.

☞ 이런 점에서 두 사람 모두 윤회를 구체적 사건이나
  현상이라기보다는, "도덕적 상징이나 교훈"으로 읽어냈다는
  공통점을 지닌다.

7. 열반과 관조

- 붓다 : 욕망의 불꽃이 꺼지고 마음이 고요해진 상태가 열반(涅槃)이다. 이는 욕망·집착·무지에서 벗어난 평온의 경지이며, 불교 해탈론의 핵심이다.

- 쇼펜하우어 : 그 역시 붓다의 가르침과 마찬가지로, 욕망의 절제와 금욕을 통해 얻어지는 마음의 평정을 중시했다. 또한 그는 예술을 통한 심미적 관조를 통해, 욕망을 잠시 내려놓는 순간이 가능하다고 보았다. 그러한 관조의 순간 속에서 인간은 평정과 고요를 경험하게 된다.

☞ 개념과 언어는 다르지만, '욕망에서 벗어난 평정심의 상태'를 중시한다는 점에서 두 사상은 분명한 공통점을 지닌다.

• 붓다 : 열반에 이르는 길을 팔정도(八正道)로 보았다. 팔정도의
핵심은 올바른 견해와 올바른 집중이며, 이 과정에서 기존의
종교관이나 사후 세계에 대한 집착을 내려놓고 마음을 새롭게
비우는 것이 요구된다.

☞ 붓다는 해탈을 위한 구체적인 실천의 길을 제시했다. [10]

• 쇼펜하우어 : 그가 말한 개체화의 원리도 또한 이와 비슷한
방향을 가진다. 이 원리를 깨닫는 순간, 인간은 세상의 본질을
이해하게 되며, 그 결과 욕망과 고통으로부터 벗어날 수 있다고
보았다.

☞ 결국 붓다의 팔정도와 쇼펜하우어의 개체화 원리는 표현과
전개방식은 다르지만, 인생무상과 무아의 사실을 깨닫게 하는
인식의 전환(명지)을 통해 정신적 고통으로부터의 자유와 해방을
지향한다는 점에서 닮아 있다.

9. 자비와 연민

- 붓다 : 무아(無我)를 깨달으면 '나'와 '타자'의 경계가 희미해지고, 그 자리에서 자비(慈悲)가 싹튼다. 이는 타인의 고통을 자신의 고통처럼 느끼는 마음이다.

☞ 자비는 "나는 영원한 실체가 아니다"라는 통찰에서 비롯되는 자연스러운 사랑이다.

- 쇼펜하우어 : 개체화의 원리를 깨달을 때 인간은 모든 존재가 동일한 고통의 흐름 속에 있다는 사실을 보게 되고, 그 결과 다른 존재들에 대한 연민(동정심)이 생겨난다고 보았다.

☞ 연민 역시 존재의 동일성(유한성, 허무함, 비참함)을 깨닫는 데서 흘러나온다고 보았다는 점에서 두 사상은 매우 가깝다.

10. 고통의 근원은 마음

- 붓다 : 번뇌는 마음이 만들어낸다. 석가모니는 영혼이나 신비한 영적 현상보다 마음의 역량과 훈련을 훨씬 더 중시했다. 마음을 다스릴 줄 아는 사람은 두려움이나 유혹에도 쉽게 흔들리지 않으며, 고통의 해결과 죽음의 두려움 극복 역시 결국 마음에 달려 있다고 보았다.

☞ 고통의 원인을 마음의 작용에서 찾는 전형적인 불교 심리학적 관점이다.

- 쇼펜하우어 : 고통의 근원을 내면에서 일어나는 욕망에서 찾았다. 욕망이 지속되는 한 고통은 사라지지 않으며, 마음의 방향이 바뀌지 않는 한 인간은 고통에서 벗어날 수 없다고 보았다.

☞ 이렇게 두 사람 모두 고통의 출발점을 외부가 아닌 '내면', 즉 마음에서 찾는다.

11. 악의 문제

- 붓다 : 악은 외부에서 들어오는 힘이 아니라 무지(無明)에서
  생긴다. 세상의 본질을 바로 알지 못하고 집착에 사로잡힐
  때 악한 행위가 발생한다고 보았다. 즉, 불교는 악을
  심리적·인지적 오류로 이해한다.

- 쇼펜하우어 : 세상에 존재하는 악과 고통을 통해 그는 인격적
  신 개념을 비판했다. 만약 전능하고 완전히 선한 신이 있다면
  이처럼 많은 고통과 악이 존재하기 어렵다고 보았기 때문이다.
  그래서 그는 악의 현실을 신 개념 비판의 근거로 삼았다.

☞ 붓다와 쇼펜하우어 모두 '악'을 외부의 초월적 존재가
  아니라, 인간 인식과 욕망의 구조에서 발생하는 문제로
  이해했다.

12. 제3의 길

- 붓다 : 석가모니는 쾌락주의와 고행주의라는 양극단을 모두
  비판하며 중도(中道)를 제시했다. 당시 인도에서는

  - 유물론 사상은 감각적 쾌락을 추구했고
  - 자이나교와 힌두교의 일부 전통은 지나친 고행을 강조했다.

붓다는 이 극단들을 넘어, 욕망을 절제하면서도 이성을 잃지 않는
도덕적·절제된 삶이 고통을 줄이는 올바른 길이라고 보았다. 그의
중도는 극단을 피하고 긍정적 요소만을 취한 균형의 선택이었다.

- 쇼펜하우어 : 쇼펜하우어 역시 두 극단 사이에서 제3의 길을
  찾으려 했다. 그는

  - 영혼이나 초월적 신을 인정하지 않는 유물론
  - 칸트가 말한 초월적 도덕 철학

이 둘 사이에서 균형을 잡으며, 존재의 본질을 우주적 의지로
설명하고 삶의 방향을 도덕적·금욕적 성찰로 이끌었다. 신과 사후

세계를 전제로 하지 않은 채 도덕적 삶을 철학의 중심에 두었다는
점에서 그는 붓다와 놀라울 만큼 닮아 있다.

☞ 두 사람 모두 극단의 중간 지점에서 철학의 방향을 잡으려 했다.

13. 금욕과 절제

- 붓다 : 욕망을 완전히 끊으려 신체를 학대하는 극단적 금욕은
  비판하면서, 마음을 다스리며 욕망을 점차 약화시키는 절제의
  길, 곧 중도(中道)를 가르쳤다. 붓다에게 금욕이란 강요된 억압이
  아니라, 통찰에서 비롯된 자발적 절제였다.

- 쇼펜하우어 : 욕망을 근본적으로 부정하는 금욕을 해방의 길로
  보았다. 그는 단지 욕망을 조절하는 수준을 넘어, 욕망 자체의
  소멸을 목표로 했다.

☞ 따라서 두 사람은 모두 '욕망의 약화·소멸'을 말하지만, 그
  방식과 강조점은 서로 다르다. 오히려 쇼펜하우어가 붓다보다
  힌두교와 자이나교의 극단적 고행에 더 가깝다고 할 수도 있다.

14. 성욕의 절제

- 붓다 : 성욕은 집착과 고통을 낳는 가장 강한 번뇌 가운데 하나로 이해되었다.

☞ 번뇌들 가운데서도 성욕은 수행을 방해하는 가장 강력한 장애로 여겨졌다.

- 쇼펜하우어 : 성욕은 생명을 계속 이어가게 만드는 의지의 가장 강렬한 표현이며, 따라서 고통의 근원에 가깝다고 보았다.

☞ 결국 두 사람은 초월적 신에게 기대기보다, 인간 내면의 변화와 통찰 속에서 해방과 평정의 가능성을 찾았다.

03

/

쇼펜하우어와
붓다 사상의 차이점

비슷해 보이지만 두 사상에는 분명한 차이도 존재한다.

1. 형이상학을 바라보는 태도

• 붓다

우주의 기원이나 신의 존재 같은 형이상학적 문제는 "당장
고통을 해결하는 데 직접적인 도움이 되지 않는 질문"이라고
보았다. 그는 무엇보다 번뇌, 즉 정신적 고통에서 벗어날 수
있는 실제적 길을 찾고자 했다.

☞ 붓다에게 중요한 것은 '세계가 무엇인가'보다, '고통에서 어떻게
벗어날 것인가'였다.

• 쇼펜하우어

세계의 근본 원리를 '우주적 의지'라는 개념으로 철학적으로
설명하려 했다. 붓다에 비해 훨씬 형이상학적이고 체계적인
방향이다.

☞ 그는 '세계의 본질'을 사유의 중심에 두었고, 해탈의 길을
말하기 전에 우주의 구조를 설명하는 일을 중시했다.

2. 깨달음에 이르는 과정

깨달음에 이르는 길을 두 사람은 어떻게 걸어갔을까?
여기서 그 과정을 잠시 비교해 보자.

• 붓다

붓다는 오랜 고행과 명상을 거치며 당시 인도에 존재하던
여러 사상을 직접 검토했다. 그 과정에서 감각적 유물론(고대
인도의 유물론)이 말하는 "신은 없다", "내세가 없다", "영원한
자아가 없다"는 주장과, 자신이 깨달은 연기론·무아론 사이에
내용상으로 비슷해 보이는 점이 있다는 사실도 알고 있었다.[11]
그러나 그는 거기서 멈추지 않았다. 유물론자들이 추구한 쾌락
중심의 삶은 받아들이지 않았다. 오히려 욕망을 줄이고 마음을
다스려, 고통에서 벗어나는 길을 강조했다.
이것이 그가 제시한 도덕적이고 절제된 삶의 길이다.

요약하면, 붓다는 다양한 사상을 몸소 통과해 본 뒤, 그 가운데서
욕망을 다스림으로써 고통에서 벗어나는 길만을 골라 자신의
깨달음으로 삼았다.

• 쇼펜하우어

반면 쇼펜하우어는 서양 철학을 공부하던 중 인도 철학과
불교 사상을 접하게 되었다. 그는 붓다의 연기론과 무아론이
설명하는 세계관과 자신이 말한 우주적 의지와 개체화 원리가
놀라울 만큼 닮아 있다는 점을 발견했다.
이 발견은 그의 사유 방향을 바꾸어 놓았다. 그는 점차 기독교의
신 중심 세계관에서 멀어져, 자연과 마음의 작용을 중심으로
세계를 설명하려 했다.
그리고 마음의 고통에서 벗어나기 위해 점점 더 금욕적이고
절제된 삶을 강조하게 되었다.

☞ 붓다는 명상수행을 통해, 쇼펜하우어는 사유와 독서를 통해 각각
자신만의 깨달음의 길을 다져 나갔다.

3. 자살에 대한 이해

- 붓다

  붓다에게 있어 깨달은 사람에게 죽음은 더 이상 두렵거나
  피해야만 하는 사건이 아니었다. 그래서 경전에는 극심한
  질병이나 고통 속에서 자신의 생을 스스로 마무리한 붓다의
  제자들이나 아라한들의 사례가 전해진다.

  - 호진, 《무아. 윤회 문제의 연구》

  이는 오늘날 우리가 말하는 일반적인 의미의 자살과는 달리, 더
  이상 붙잡아야 할 욕망이 없는 존재들, 곧 살아생전에 열반에
  도달한 아라한들이 평온하게 삶을 놓는 과정으로 이해되었다.

☞ 불교는 자살을 일반적으로 허용하지 않지만, 일부 경전에서는
  아라한의 죽음을 욕망에서 비롯된 자살과 구분한다.

- 쇼펜하우어

  쇼펜하우어는 자살을 "또 하나의 욕망의 표현"으로 보았다.
  삶을 버리고 싶다는 욕망이 오히려 더 강하게 작용한 결과라고
  본 것이다. 그는 금욕 수행을 통해 자연스럽게 죽음, 예를 들어

아사(굶어 죽음)에 이르게 되는 경우만을 예외적으로 의미 있는
것으로 인정했을 뿐, 자살을 해방의 길로 긍정하지는 않았다.

4. 예술의 역할

• 붓다

   붓다는 무엇보다 명상과 수행을 통한 마음의 평화를 강조했다.
   고요히 앉아 호흡과 마음을 관찰하는 수행이 번뇌를 줄이고
   지혜를 여는 핵심 길이었다.

• 쇼펜하우어

   쇼펜하우어는 여기에 더해 예술, 특히 음악을 의지에서 벗어나게
   해 주는 특별한 해방의 통로로 보았다. 그는 음악이 인간의
   가장 깊은 내면을 드러내며, 그 순간 사람은 욕망과 집착을 잠시
   내려놓고 고요한 관조의 상태에 이르게 된다고 믿었다.

☞ 이처럼 방식은 달랐지만, 두 사상가가 바라본 핵심 문제는
   동일했다. 바로 "인간이 어떻게 고통에서 벗어날 수 있는가"라는
   질문이다.

결론: 현대의 붓다, 쇼펜하우어

쇼펜하우어는 붓다의 가르침을 깊이 들여다보고, 그 사유를
서양 철학의 언어로 다시 풀어 낸 사상가였다.
그에게서

- 연기론은 우주적 의지라는 개념으로
- 무아론은 개체화의 원리로
- 열반은 욕망이 사라진 관조의 순간으로

각기 새롭게 해석되었다. 붓다는 수행과 명상을 통해,
쇼펜하우어는 철학적 사유와 예술 경험을 통해 고통을 넘어서는
길을 모색했다.

두 사람에게서 공통적으로 드러나는 생각은 이렇다. 구원의
문은 하늘 어딘가가 아니라, 자기 안의 마음을 어떻게 다스리느냐에
달려 있다. 그들의 길은 철저히 '내면의 수련'에 기초해 있으며,
초월적 도움을 전제하지 않는다.

즉, 이 두 사상에서는 욕망을 다스리기 위한 금욕과 절제, 그리고 마음을 지키는 힘이 정신적 자유와 해방에 이르는 핵심 열쇠로 제시된다.

이런 이유로 쇼펜하우어는 단순히 불교적 영향을 받은 사상가가 아니라, 붓다의 통찰을 근대 서양의 언어로 다시 숨 쉬게 한 철학자라고 할 수 있다. 그래서 그는, 어떤 의미에서, "현대의 붓다"라고 불릴 만한 독창적 위치에 선다.[12]

[비교 분석] 고통과 구원의 세 가지 길

구 분	쇼펜하우어 (철학)	불교 / 붓다 (종교철학)	기독교 / 예수 (종교)
고통의 원인	맹목적으로 살고자 하는 의지 (욕망)	무지에서 비롯된 집착과 갈애	신과의 관계 단절에서 오는 소외
자아(인간) 이해	잠시 왔다 사라지는 자연의 일부	진정한 자아가 없는 무아(無我)	개별적 인격을 가진 존재
세상을 보는 눈	고통과 허무가 반복되는 비극적 세계	꿈과 환상과 같은 연기의 세계	신과의 깨어진 관계로 인한 불행한 세계
구원의 방법	개체화 원리를 깨닫고 욕망의 절제, 금욕, 예술적 치유를 통한 정신적 해방(자력)	명상수행을 통한 무아의 깨달음과 금욕을 통한 정신적 해방(자력)	예수를 통해 제시된 신과의 화해 (타력)
구원의 주체	감각기관을 통해 세상을 직관하고 바로 인식하는 나	자신과 명상하는 대상이 무아임을 깨우치는 나	용서와 사랑의 주체로 이해되는 신
구원의 상태	의지(욕망)를 부정하여 마음이 평 온해짐 (심미적 관조)	욕망의 불꽃이 사라져 마음이 평온해짐 (열반)	죄의 용서와 함께 신과의 관계회복 (평안)
핵심 키워드	인식의 전환 (개체화 원리)	깨달음 (명지, 무아론)	초월적 사랑

"철학은 고통을 직시하고,

불교는 고통을 비워내며,

기독교는 고통을 은총으로 껴안습니다."

제6부

쇼펜하우어와 기독교
: '고통의 철학'과 '초월적 신앙'의 만남

쇼펜하우어의 철학은 오늘날 한국에서도 많은 독자의 마음을 사로잡는다. 그의 글을 읽다 보면 마치 오래된 거울을 들여다보는 듯한 경험을 하게 된다. 그 거울 속에는 우리가 외면하고 싶어 했던 삶의 진실, 그리고 마음 깊은 곳을 찌르는 낯선 통찰이 비친다.
저자 역시 그의 책을 읽으며 그런 느낌을 받았다. 세상을 날카롭게 바라보는 그의 시선, 때로는 냉소처럼 보이지만 진실을 놓치지 않는 표현들, 그리고 마음의 막힌 곳을 단번에 뚫어버리는 듯한 통찰들.
그의 문장은

- 무신론자의 잠언처럼 다가오기도 하고
- 성경의 전도서 같은 쓸쓸하고 깊은 울림을 주기도 한다.

고통, 욕망, 결핍, 허무 - 이러한 단어들이 쇼펜하우어의 문장 속에서는 단순한 개념이 아니라 살아 있는 현실처럼 느껴진다.
그러나 자연스럽게 이런 질문이 떠오른다.
"그렇다면 기독교는 쇼펜하우어의 철학을 어떻게 이해해야 할까?"
이 질문은 단순한 비교가 아니라 철학과 종교, 이성과 신앙, 절망과 희망의 경계에서 서로를 비추어 보는 사유의 여정을 시작하게 한다.

01
/

인간은 초월을
어떻게 사유해 왔는가?

쇼펜하우어가 세상을 바라보는 시선은 매우 냉정하다. 그의 글을
읽다 보면 마치 오래전부터 "신이 없는 세계"를 전제해 온 사람처럼
보인다. 그는 인간의 고통과 자연의 폭력을 치밀하게 관찰했다.
이 과정에서 자연스럽게 다음 질문이 떠오른다.
"정말 신이 있다면, 왜 세상에는 이토록 많은 고통이 존재할까?"
쇼펜하우어는 바로 이 질문에서 출발하여 '사랑의 하나님' 개념을
부정했다.
그에게 신은

- 기도에 응답하는 인격적 존재가 아니었고
- 단지 자연의 법칙 혹은 세계 전체의 작동 원리에 불과했다.

"선한 신이 있다면, 세상이 이렇게 잔혹할 리 없다."
그의 결론은 명확했다.
그렇다면 이러한 주장에 대해
기독교 철학자들은 어떻게 대답했을까?

칸트: "신은 증명할 대상이 아니라 초월적 실재다."

칸트는 인간 이성의 한계를 누구보다 잘 이해한 철학자다.

그는 이렇게 말한다.

"신을 이성으로 완전히 설명할 수는 없다.

그러나 설명할 수 없다고 해서 존재하지 않는다고 말할 수도 없다."

칸트에게 하나님은 시간·공간·감각의 세계를 초월한

실재(實在)이다.

철학자 칼 야스퍼스도 말한다.

"고통과 절망의 순간, 인간은 한계를 경험하고 그 한계 너머에서

'초월자'를 마주한다."

즉, 신은 현미경이나 망원경으로 찾아낼 수 있는 대상이 아니라,

불안과 절망 같은 인간 존재의 깊은 경험 속에서 비로소 마주하게

되는 실재라는 것이다.

폴 틸리히: "하나님은 존재하지 않는다"의 참된 의미

20세기 신학자 폴 틸리히는 도발적인 말을 남겼다.

"하나님은 존재하지 않는다."[13]

이 표현은 그의 사상을 충분히 이해하지 못하면 오해를 부를 수 있다. 그의 뜻은 결코 무신론이 아니다.

그가 강조한 바는 다음과 같다.

- '존재한다'는 말은 시간·공간·인과율, 곧 원인과 결과의 법칙 안에 놓인 존재를 뜻한다.
- 그러나 하나님은 이러한 조건들에 의해 제한되지 않는다.
- 하나님은 존재의 근거(Ground of Being), 곧 모든 존재를 가능하게 하는 궁극적 실재다.

따라서 틸리히의 말은 사실상 다음과 같이 이해될 수 있다.

"하나님은 인간이 경험하는 존재의 조건을 초월한 분이다."

칸트, 야스퍼스, 그리고 폴 틸리히는 시대는 달랐지만 같은 방향을 가리킨다. 신은 자연 세계의 한 부분이 아니라, 초월적 실재라는 것이다.

과학 시대의 신: 부정도, 증명도 불가능하다

근대 과학이 발전하면서 많은 사람이 신의 존재를 의심하기
시작했다. 하지만 중요한 사실은 다음이다.
과학은 신을 부정할 수도, 증명할 수도 없다.[14]
종교학자 니니안 스마트는 이렇게 말한다.
"무신론 역시 하나의 믿음이다. 보이지 않는 것을 '없다'고 확신하는
것도 믿음이다."
즉,

- 신을 믿는 것도 하나의 선택이고
- 신이 없다고 믿는 것도 또 다른 선택이다.

우주는 여전히 신비롭고, 그 질서는 '우연'이라는 말만으로는
충분히 설명되지 않는다.[15]
철학자 크리스토퍼 베이치는 이렇게 표현했다.
"우주는 거대한 예술작품과 같으며, 그 안에는 보이지 않는
설계자의 서명이 있다."

빅뱅과 창조: 창조자를 필요로 하는 우주

현대 우주론은 빅뱅 이론을 통해 우주가 하나의 시작점을 가졌음을 보여 준다. 그러나 여전히 풀리지 않는 근본 질문들이 있다.

- 폭발은 어디에서 왔는가?
- '무'에서 어떻게 '유'가 생겨나는가?
- 빅뱅 이전에는 무엇이 있었는가?

케임브리지대학교의 물리학 교수 존 폴킹혼은 이렇게 말한다.
"빅뱅이 일어나기 위해서는 물리 법칙과 우주의 조건이 놀라울 만큼 정교하게 맞추어져 있어야 했다. 이를 우연으로 보기 어렵다."
그리고 결론을 내린다.
"만일 빅뱅이 사실이라면, 그 시작을 가능하게 한 누군가 또는 무엇인가가 필요하다."
- *Science Finds God*, 《Newsweek》, 20 July 1998.

즉, 빅뱅은 창조를 부정하는 증거가 아니라 오히려 우주의 기원이 어떤 설명을 요구한다는 사실을 더 선명하게 보여주는 하나의 지표일 수도 있다.

초월적 존재와 인간의 선택

결국 신의 존재는 자연 과학이 확정할 문제가 아니라, 사유와
믿음의 선택에 남아 있는 영역이다.

- 기독교는 하나님을 영원한 존재이자 초월적 실재, 그리고
  인격적 존재로 고백하며 우주의 근원을 그분에게 둔다.
- 쇼펜하우어는 자연과 의지 외에는 그 어떠한 초월적 실재도
  인정하지 않았다. 그러나 중요한 점은, 이 두 입장 가운데
  어느 쪽도 실험이나 관찰로 '증명'할 수 없다는 것이다.

그렇다면 무신론 역시 순수한 과학적 결론이라기보다
하나의 신념이며, 일종의 '우연에 대한 믿음'이다. 철학의 고전적
전통, 아리스토텔레스와 토마스 아퀴나스도 이렇게 말한다.
"모든 존재에는 원인이 있다. 그 모든 원인의 시작이 바로
하나님이다."
이들에게서 신은 논리의 대상이 아니라 존재의 근원이며,
사유와 믿음이 함께 가리키는 초월적 실재였다.

아이러니하게도 이들의 주장은 오랜 역사 속에서 그 유효성이 입증되어 온, 가장 과학적인 법칙 가운데 하나인 인과 법칙과도 깊이 맞닿아 있다.

그러나 이러한 생각이 인간의 고통을 어떻게 이해하게 하고, 그 고통 앞에서 우리를 어디로 이끄는지는 각자가 자신의 삶의 자리에서 다시 묻게 되는 질문으로 남는다.

이 지점에서 우리는 신을 부정하는 철학과 신을 고백하는 신앙 사이에서 어떤 결론이 아니라, 하나의 물음 앞에 서 있다.

02
/
고통과 악은
어떻게 이해될 수 있는가?

쇼펜하우어의 무신론적 시선

쇼펜하우어는 기독교가 말하는 사랑과 은총의 하나님을 인정하지
않았다. 그에게 신은 자비로운 아버지도, 선을 위해 싸우는 존재도
아니었다. 오히려 인간의 고통을 침묵 속에서 바라보는 그림자
같은 존재에 가까웠다. 그가 신의 존재를 부정하게 된 가장 큰
이유는 하나였다.

세상은 왜 이렇게 고통과 악으로 가득한가?

인간의 역사와 일상을 들여다보면 고난과 불의, 억울함과
비극이 끊임없이 반복된다. 사람들은 이런 상황에서 자연스럽게
묻는다.

"하나님이 정말 계시다면, 왜 이런 일이 일어나는 걸까?"

무신론자들은 말한다.

"신이 전능하고 사랑으로 가득하다면, 세상에 고통이 존재할 수
없다. 그렇다면 신은 전능하지 않거나, 사랑하지 않거나… 아니면
애초에 존재하지 않는 것이다."

쇼펜하우어의 무신론도 이 지점에서 출발했다. 그는 인간 세계의
부조리를 바라보며 이렇게 말한다.

"인간 세계는 가난과 고통으로 가득하다. 악이 세상을 지배하고,
우매함이 큰 목소리를 가진다."
- 쇼펜하우어, 《인생론》

그에게 이 세계는 설명되지 않는 비극의 연속이었고, 선한
신이 다스린다고는 도저히 믿기 어려운 현실이었다.
그래서 그는 결론 내렸다.
"기독교가 말하는 신은 허구다."
고통과 불의가 가득한 세계 앞에서 '사랑의 하나님'이라는 말은
그에게 모순에 불과했다.

우주적 의지와 고통의 기원

그렇다면 쇼펜하우어는 고통을 무엇으로 설명했을까? 그는
우주적 의지(Wille)라는 개념을 꺼내 들었다. 우주는 신이 만든
작품이 아니라 스스로 살아 움직이는 맹목적 생명력의 흐름이며,
그 흐름은 언제나 결핍되어 있고, 끊임없이 무엇인가를 갈망하며,
채워져도 또 다른 결핍으로 향하는 "허기진 의지"였다. 인간의 욕망,
집착, 질투, 경쟁심, 불안…

모든 것은 이 우주적 의지의 표현일 뿐이다. 욕망은 채워지면
새로운 욕망을 낳고, 채워지지 않으면 고통을 낳는다. 이 끝없는
순환 속에서 인간은 절대로 행복해질 수 없다. 따라서 고통은 신의
계획도, 징벌도, 시험도 아니다. 고통은 우주의 본질이며, 자연이
지속되는 과정에서 피할 수 없는 필연이다.
그러나 과연 이 복잡하고 심오한 고통의 구조를 오직
'맹목적 의지' 하나로 설명할 수 있을까?
이 물음은 그대로 남는다.

기독교는 고통을 단순한 불행이나 우연의 산물로 보지 않는다.
고통은 신의 부재를 증명하는 것이 아니라, 오히려 신의 신비를
체험하는 통로가 될 수 있다고 본다. 성경은 말한다.

> "하나님은 우리의 눈물을 닦아주시고, 이전의 고통을
> 기억하지 않게 하신다."
>
> (요한계시록 21:1-4)

고통은 신에게서 멀어지는 이유가 아니라, 오히려 신에게 돌아오는
길이 될 수 있다. 그러나 인간은 여전히 묻는다.

- 왜 하나님은 자연재해를 막지 않으시는가?
- 왜 악인은 번성하고, 선한 사람은 고통을 겪는가?
- 왜 불의는 이렇게 오래 지속되는가?

기독교는 이 질문에 하나님의 섭리와 마지막 심판이라는 시선으로
답한다.[16] 전도서(12:14)와 마태복음(25:32-46)은 말한다.

"모든 행위는 궁극적인 심판의 자리에서 드러나며,

악인은 벌을 받고 선인은 상을 받는다."

인간의 눈에는 지금의 현실이 불의처럼 보일지라도,

신의 관점에서는 모든 것이 궁극적 정의로 향하는 과정이다

(전도서 3:17, 5:8).

역사학자 찰스 비어드는 이를 네 가지로 정리했다.

1. 탐욕은 결국 파멸로 이어진다.

2. 하나님의 연자 맷돌은 천천히 돌지만 끝내 정의가 승리한다.

3. 악인조차 큰 그림 속에서는 선을 이루는 도구가 될 수 있다.

4. 혼란이 깊을수록 정의는 더욱 선명해진다.

철학자 베른하르트 벨테는 말한다.[17]

"우리는 고통에 의미가 있다고 믿어야 한다. 신의 뜻을 다 이해할

수는 없지만, 신의 침묵처럼 보이는 순간에도 그분은 여전히

존재하신다."[18]

공자와 질서의 철학

고통과 악의 문제는 서양만의 질문이 아니다. 동양에서도
오래전부터 '정의와 질서'는 인간과 국가를 지탱하는 중심
원리였다.

- 사필귀정 - 모든 일은 결국 바른 길로 돌아간다.
- 권선징악 - 선한 이는 복을 받고, 악한 이는 벌을 받는다.

공자는 하늘(天)의 뜻을 믿었다.[19] 인간이 도를 실천하면 세상은
질서를 찾고, 악과 혼란은 스스로 무너진다고 보았다. 이 관점은
기독교의 섭리 개념과도 닮아 있다. 쇼펜하우어가 고통을 맹목적
의지로 설명했다면, 공자와 기독교는 고통 속에서도 보이지 않는
의미와 질서를 본다.

고통의 근원을 어떻게 치유할 것인가?

성경도 고통의 뿌리를 인간의 욕망에서 찾는다.

"욕심이 잉태하면 죄를 낳고 죄가 자라면 사망을 낳는다."

(야고보서 1:15)

사도 바울은 인간 욕망의 비극을 이렇게 고백한다.

"원하는 선은 하지 않고, 원하지 않는 악을 행한다.

오호라, 나는 곤고한 사람이로다."

(로마서 7:14-24)

여기서 쇼펜하우어와 바울의 길은 갈라진다.

• 쇼펜하우어

  - 해결책: 금욕과 절제

  - 목표: 욕망의 뿌리를 잘라 고통을 끝내기

  - 구원: 인간 스스로 얻는 해탈

- 바울

  - 해결책 : 믿음과 은총

  - 목표 : 하나님이 주시는 자유와 용서

  - 구원 : 인간이 스스로 할 수 없기에 "하나님이 도우신다"

바울은 선포한다.

"그리스도 예수 안에서 너는 죄와 사망에서 해방되었다."

(로마서 8:1-2)

고통 앞에서 다시 남는 질문

쇼펜하우어에게 고통은 신이 없는 자연 속에서 피할 수 없는
삶의 조건이었다. 반면 기독교는 고통을 단순한 우연이나 저주로
보지 않고, 인간을 신 앞에 세우는 하나의 깊은 질문으로 이해한다.
이 두 시선은 고통을 설명하는 방식도, 그 고통을 감당하는 태도도
분명히 다르다.

그러나 이 설명들 가운데 어느 것이 실제로 인간의 고통을 더
잘 이해하게 만들고, 그 고통 앞에서 우리를 어떻게 살게 하는지는
각자가 자신의 삶 속에서 다시 생각해 보아야 할 문제로 남는다.
이 지점에서 우리는 고통을 맹목적 의지의 결과로 받아들이는
철학과, 고통 속에서도 의미와 관계를 묻는 신앙 사이에서
어떤 답을 선택하기보다, 하나의 질문 앞에 서게 된다.

/

영혼은 철학적으로 사유 가능한가?

쇼펜하우어의 관점: 영혼의 부정과 죽음의 종말성

쇼펜하우어에게 인간은 철저히 현상적 존재였다. 몸이 움직이고 감정이 일어나며 욕망이 작동하는 동안만 존재할 뿐, 그 너머의 영혼이나 사후 세계는 그에게 의미가 없었다. 그는 죽음을 어떤 문이 열리는 순간도, 새로운 차원의 여정도 아닌 단순한 생명 활동의 정지, 곧 "개인의 종말"로 보았다.

몸이 사라지면 의식도 사라지고, 의식이 사라지면 영혼도 함께 사라진다. 남는 것은 아무것도 없다.[20]

그에게 '영혼'은 독립된 실체가 아니라, 우주적 의지가 잠시 인간이라는 형태로 드러난 흔적일 뿐이었다. 흔적이 사라지면 모든 것은 소멸한다. 그래서 쇼펜하우어에게 영혼의 구원, 부활, 천국·지옥 같은 개념은 현실과 거리가 먼 이야기였다.

하지만 고대 인도에서 발전한 힌두교는 전혀 다른 길을 제시한다.
그들은 인간의 깊은 내면, 감각으로 닿을 수 없는 자리에는
불멸의 영혼, 아트만이 있다고 보았다.
《우파니샤드》는 아트만을 이렇게 묘사한다.

- "엄지손톱만 하다."
- "좁쌀보다 작다."
- "머리카락 끝을 백 번 자르고 또 백 번 자를 만큼 작다."

이 표현들은 아트만이 물질 차원을 넘는 순수한 실재임을 말한다.
힌두교는 아트만이 심장에 거주하며, 사람이 죽을 때는 눈·머리
등 신체의 여러 부분을 통해 조용히 떠난다고 본다. 그리고 우주의
근원적 실재인 브라만은 모든 존재 안에 스며 있으며, 인간의
영혼인 아트만은 브라만의 일부이자 동시에 브라만 그 자체다.

이 사상이 바로 범아일여(梵我一如)다.

- 우주는 하나이고
- 인간의 영혼도 그 하나 속에 있으며
- 결국 인간은 다시 그 하나로 돌아간다.

그래서 인간의 목표는 윤회의 사슬을 벗고 해탈(mokṣa)에 이르는 것이다. 영혼이 본래 자리, 브라만과의 합일로 돌아가는 것이다.[21]

기독교의 관점: 하나님의 형상과 영혼의 구속

기독교는 인간을 이렇게 설명한다.

"하나님이 자기 형상대로 사람을 창조하시니…"

(창세기 1:27)

기독교 전통에서 인간은 순수한 물질도, 일시적 현상도 아니다.
영혼과 육체가 결합된 존재이며, 영혼은 생명과 인격의 중심이다.
예수는 니고데모에게 이렇게 말한다.

"사람이 물과 성령으로 나지 아니하면,

하나님의 나라에 들어갈 수 없다."

(요한복음 3:5)

이는 인간의 눈과 이성만으로는 영적 세계의 실재를 완전히
이해할 수 없다는 뜻이다. 기독교는 영혼을 인정하면서도 윤회를
부정한다.
인간은 한 번의 생을 살고 그 뒤에는 심판이 있다(히브리서 9:27).
그러나 영혼은 계속 존재한다. 하나님과 함께하거나,

하나님과 멀어지거나 두 길만이 있다. 힌두교의 범아일여처럼
영혼이 신과 동일한 실체가 되는 것은 아니다. 영혼은 하나님의
피조물이며, 하나님과의 관계 속에서 영원성을 갖는다.

벨테의 관점: 영혼은 실체인가, 과정인가?

독일 종교철학자 베른하르트 벨테(Bernhard Welte)는 전통적인 영혼
이해에 중요한 질문을 던진다. "영혼은 몸 안에 들어 있는 또 하나의
실체인가?" 그의 대답은 분명하다.
"인간은 둘로 나뉘지 않는다. 인간 전체가 곧 영혼이다."
벨테에게 영혼은 몸과 분리된 조각이 아니라, 인간 전체를
초월을 향해 열어 두는 힘이다. 우리는 시간 속에 살지만, 마음
깊은 곳에서는 언제나 더 큰 것, 더 깊은 것, 더 영원한 것을
향해 움직이려고 한다. 벨테는 이 초월적 향함 자체가 영혼의
본질이라고 본다.
"영혼은 몸 속에 갇힌 실체가 아니라,
인간 전체에 흐르는 초월의 숨결이다."
이 관점은 기독교적 영혼 이해와도 조화를 이루면서,
쇼펜하우어의 단순한 '현상' 설명과는 확연히 다른 길을 제시한다.

현대 과학의 시도: 21g의 가설과 임사체험

영혼의 문제는 종교와 철학뿐 아니라 현대 과학에서도 오래도록
호기심의 대상이 되어 왔다. 1907년, 미국 의사 던칸 맥두걸(Duncan
MacDougall)은 죽기 직전 환자의 몸무게를 정밀하게 측정하는 실험을
진행했다. 그는 사망 순간 평균 21그램의 체중 감소 현상을
발견해 이것이 영혼의 무게라고 해석했다. 물론 이 실험은 표본과
방식의 한계 때문에 오늘날 학계에서는 신뢰할 연구로 보지 않는다.
그러나 인간이 순전히 물질만은 아닐 수 있다는 질문을 남겼다.
이와 함께 자주 언급되는 주제가 임사체험(Near-Death Experience)이다.
죽음 직전의 상태에서 회복한 사람들이 공통적으로 전하는
경험에는 다음과 같은 요소들이 반복적으로 등장한다.

- 몸을 천장 위에서 바라보는 느낌
- 어두운 터널
- 밝고 따뜻한 빛
- 흰 옷을 입은 광채가 나는 존재를 만남
- 말로 설명하기 어려운 절대적 평안함

이러한 증언들은 의식이 과연 뇌의 생리적 작용만으로 완전히 설명될 수 있는지에 대한 의문을 제기한다. 특히 주목할 사례는 하버드 의대 신경외과 교수 에벤 알렉산더(Eben Alexander)이다. 그는 중증 뇌수막염으로 혼수상태에 빠졌다 회복한 뒤, 《나는 천국을 보았다(Proof of Heaven)》(2012)에서 자신의 경험을 기록하며 "의식은 뇌를 초월한다"고 결론지었다. 물론 임사체험에 대한 해석은 여전히 논쟁적이다. 그러나 인간의 의식이 단순한 물질 작용만으로 설명되지 않을 수 있다는 점은 많은 학자가 인정하는 부분이다.

결국 영혼을 둘러싼 물음은 종교와 철학, 그리고 과학이 서로 다른 언어로 오래도록 붙잡아 온 질문이다. 힌두교는 인간 안에 불멸의 아트만이 있으며 그것이 우주의 근원인 브라만으로 돌아간다고 말하며, 벨테와 같은 종교철학자는 영혼을 인간 전체에 흐르는 '초월의 숨결'로 정의한다.

그러나 쇼펜하우어와 붓다의 길은 이와 확연히 다르다. 쇼펜하우어의 '개체화 원리'와 붓다의 '무아론(無我論)'이 만나는 가장 중요한 지점은, 두 사유 모두 죽음을 개인적 정체성의 완전한 종결로 이해한다는 데 있다. 쇼펜하우어에게 개체란 시간과 조건 속에서 잠시 나타났다가 사라지는 현상일 뿐이며, 육체의 소멸은 곧 개체로서의 존재가 끝나는 사건이다. 죽음은 다른 삶으로 옮겨가는 통로가 아니라, 조건 지어진 개인적 삶의 마침표다. 이는 불교에서 말하는 자아(오온)가 인연에 따라 잠시 결합한 상태일 뿐이며, 그 결합이 해체되면 '나'라고 부를 만한 어떠한 실체도 남지 않는다고 보는 통찰과 깊이 맞닿아 있다.

이처럼 쇼펜하우어와 붓다의 사유 체계 안에서 죽음 이후에도 동일한 '나'가 계속된다는 생각은 결코 허용되지 않는다.

죽음은 철저한 소멸이며, 개체적 생의 완전한 마무리다.

바로 이 지점에서 기독교의 구원 이해는 분명한 차이를 드러낸다.
기독교는 죽음을 모든 것의 종말로 보지 않고, 하나님의 은총
안에서 인격적 부활과 새로운 생명이 주어진다고 믿는다.
쇼펜하우어와 붓다가 죽음을 '철저한 소멸'로 이해했다면, 기독교는
죽음 너머에서도 하나님과의 관계와 인격이 보존되는 '영원한
생명'을 말한다.

이 차이는 단순한 이론의 차이가 아니라, 인간이 고통의 심연
앞에서 어떤 희망을 품을 것인가를 결정짓는 실존적 선택의
차이를 드러낸다. 영혼에 대한 사유는 결코 증명될 수 있는 문제가
아니기에, 이 질문은 다시 우리 자신에게로 되돌아온다.

나는 무엇인가.
나는 죽음 이후에도 의미를 지니는 존재인가,
아니면 이 삶의 소멸이 전부인가.

요약

: 영혼과 죽음을 바라보는 네 가지 시선

- **쇼펜하우어**는 인간을 현상적 존재로 이해하며, 죽음을 개체적 정체성의 완전한 종말로 보았다. 육체가 소멸하면 의식과 영혼도 함께 사라지며, 죽음 이후의 개인적 지속은 없다.

- **불교(붓다)** 역시 무아론에 따라 영원한 자아나 영혼을 인정하지 않는다. 오온의 결합으로 이루어진 자아는 죽음과 함께 해체되며, 동일한 '나'의 지속은 성립하지 않는다.

- **힌두교**는 인간 안에 불멸의 아트만이 있으며, 그것이 우주의 근원인 브라만으로 돌아간다고 본다. 해탈은 윤회를 벗어나 본래의 자리로 귀환하는 것이다.

- **기독교**는 인간을 하나님의 형상으로 창조된 존재로 이해하며, 영혼은 하나님과의 관계 안에서 영원성을 갖는다. 죽음은 끝이 아니라 하나님의 은총 안에서 인격적 부활과 새로운 생명으로 나아가는 문이다.

☞ 이처럼 죽음을 '완전한 소멸'로 이해할 것인가, 관계 속에서 이어지는 생명'으로 이해할 것인가의 차이는 인간의 고통과 희망을 바라보는 근본적인 관점의 차이를 드러낸다.

04

/

인간은 구원을
어떻게 말해 왔는가?

쇼펜하우어의 구원관: 금욕을 통한 해방

쇼펜하우어는 인간의 삶이 왜 고통으로 가득한지를 누구보다
치열하게 고민한 철학자였다. 그는 인간을 몸을 가진 존재, 그리고
그 몸 안에서 끊임없이 일어나는 욕망의 소용돌이 속에 갇힌 존재로
바라보았다.

그에게 욕망은 단순한 감정이나 심리 현상이 아니었다.
욕망은 인간을 넘어 세계 전체를 움직이는 힘, 곧 우주적
의지(Wille)의 작용이었다. 따라서 인간이 고통에서 벗어나기
위해서는 욕망을 거부하고, 욕망의 뿌리가 되는 우주적 의지를
부정해야 한다. 그는 말했다.

"구원이란 욕망의 불에서 멀어지는 것이며, 고통을 낳는 의지를
끊어내는 것이다."

그래서 쇼펜하우어에게 구원은 신체적 욕망에서 비롯되는 정신적
고통에서 해방되는 상태였고, 그 방법은 금욕이었다. 그는 모든
종교를 금욕이라는 기준으로 이해했다.

예수 역시 인류의 죄를 대신 지는 구세주가 아니라, 욕망을
거부한 삶을 보여 준 상징적 인물, 즉 위대한 도덕적 스승으로만
이해되었다. 이러한 주장 앞에서 기독교는 무엇이라 답할 수
있을까?

칸트와 윌리엄 제임스: 인간 스스로는 구원할 수 없다

미국 철학자 윌리엄 제임스는 쇼펜하우어의 철학을 이렇게
평가했다.

"그의 말은 고통스러운 현실을 고상하게 표현하지만,
결국 신에 대한 반항과 불평에서 벗어나지 못한다."
- 윌리엄 제임스,《종교적 경험의 다양성》

그가 인간의 슬픔을 정확히 보았지만, 그 해결을 오직 인간의
힘에서만 찾았다는 비판이다.[22]
칸트는 더 단호했다. 그는 인간이 자기 힘으로 선을 완성하고
도덕적으로 완전해질 수 있다고 믿는 태도를 비이성적 광신이라고
보았다.
그는 말했다.
"우리 안에서 실현해야 하는 선과, 우리가 벗어나야 하는 악
사이에는 무한한 거리가 있다."

즉, 인간은 스스로의 힘으로 완전한 선에 이를 수 없다는 것이다.

이에 대해 신옥희는 이러한 칸트의 입장을 다음과 같이 해설한다.

"인간이 스스로 선한 내면성을 직접 확인할 수 있다고 믿는 종교는

광신과 미신, 혹은 도덕적 불신앙에 가깝다."

칸트는 인간의 한계를 직시했고,

그 한계를 넘어선 존재,

곧 도덕의 궁극적 근원인 하나님을 요청할 수밖에 없다고 보았다.

기독교의 구원 이해: 인간의 힘이 아니라, 하나님의 은총

전통적 기독교는 인간의 타락을 이렇게 설명한다.

- 인간은 원죄로 인해
- 스스로 선을 완성할 능력을 잃었으며
- 죄와 죽음의 지배 아래에 놓여 있다.

따라서 기독교는 구원을 인간의 능력이 아니라 하나님의 은총으로
본다. 예수 그리스도가 세상에 오신 이유, 그분의 십자가가
"죄의 용서"가 되는 이유도 모두 하나님의 은총에 있다.
기독교는 말한다.
"인간은 스스로 구원할 수 없다.
오직 하나님이 먼저 다가오셨기에 구원이 가능하다."

그렇다면 왜 기독교는 자신의 구원을 '유일한 복음'이라고
확신할까? 이를 이해하려면 몇 가지 중요한 질문을 살펴봐야 한다.

인간의 역사성: 우리는 왜 존재하는가?

쇼펜하우어는 인간의 의미를 인정하지 않았다. 삶은 잠시 스쳐 지나가는 현상이며, 죽음과 함께 모든 것은 사라진다.[23]

그러나 기독교는 다르게 말한다.

- 인간은 하나님의 목적 안에서 창조되었고
- 삶은 우연이 아니라 의미를 지닌 이야기이며
- 모든 행위는 역사 속에 기록되고
- 죽음 이후에도 존재는 계속된다.

기독교의 하나님은 역사 밖의 초월자이면서 동시에 역사 안에 들어오시는 하나님이다.

그래서 기독교는 묻는다.

"당신의 존재는 우연인가,

아니면 목적을 가진 하나님의 계획인가?"

인간 문제의 근원: 욕망인가, 죄인가?

힌두교와 불교는 인간 문제의 근원을 욕망과 무지에서 찾는다.
쇼펜하우어는 이를 철학적으로 계승하며, 우주적 의지가 인간을
고통 속으로 밀어 넣는다고 보았다. 그러나 이러한 설명은 동시에
또 다른 의문을 일으킨다. 만약 고통의 원인이 인간 내부에 있거나,
우주적 힘의 작용으로 피할 수 없다면, 인간 스스로 완전한 해결에
도달할 수 있는가? 바로 이 지점에서 기독교는 전혀 다른 대답을
제시한다.

기독교는 문제를 더 깊게 본다. 욕망은 근본 원인이 아니라 결과이며,
문제의 뿌리는 죄, 곧 하나님과의 관계가 깨어진 데 있다고 말한다.

> "욕심이 잉태한 즉 죄를 낳고, 죄가 장성한 즉 사망을 낳느니라."
>
> (야고보서 1:15)

바울도 고백한다.

> "내가 원하는 선은 하지 않고, 원하지 않는 악을 행한다…
>
> 오호라, 나는 곤고한 사람이로다." (로마서 7장)

쇼펜하우어는 금욕으로 이 문제를 극복하려 했지만,

기독교는 더 근원적 해결을 제시한다.

"그리스도의 은총이 죄와 죽음의 법에서 우리를 해방한다."

(로마서 8:2)

인간의 능력과 한계: 인간은 신이 될 수 있는가?

힌두교는 인간이 브라만과 하나가 될 수 있다고 보며, 불교와

쇼펜하우어도 인간이 욕망을 버리면 정신적으로 초월의 경지에

이를 수 있다고 생각했다. 그러나 기독교는 말한다.

인간은 신이 아니다. 인간은 신성의 조각도, 신의 일부도 아니다.

하나님의 목적 속에서 창조된 유일한 존재이다.

따라서 인간이 스스로 초월할 수 있다는 믿음은 기독교 관점에서

보면 창세기 3장의 "너희도 하나님처럼 될 것이다"라는 뱀의

유혹과 다르지 않다.

기독교는 말한다.

"참된 겸손은 인간의 한계를 인정하는 데서 시작된다."

기독교의 구원은 예수 그리스도의 십자가 사건을 중심으로 완성된다.

그 독특성은 네 가지 특징으로 분명해진다.

1) 성경은 세상이 왜 잘못되었는지를 설명한다.[24]

세상의 폭력과 탐욕, 불의는 단순한 욕망의 문제가 아니라 타락한 인간의 결과이다.

2) 예수의 십자가는 신화가 아니다.

신화 속 신들은 싸우고 파괴하지만[25], 예수의 십자가는 순종과 희생의 사건이다. 이 일은 역사 속에서 실제로 일어났고[26], 구약은 이 사건을 준비했다.[27]

3) 창조 → 타락 → 구속 → 회복의 하나의 서사

성경 전체는 하나의 구원 이야기를 일관되게 이어가며, 예수의 복음은 그 이야기의 중심이다.[28]

4) 기독교 복음은 고통과 죄에 대한 현실적 해결책이다.

스스로 구원할 수 없는 인간을 위해 예수는 용서와 사랑을 제공한다. 그 은총은 고통 속에서도 희망할 이유가 된다.

요약

쇼펜하우어는 인간의 고통을 날카롭게 꿰뚫어 보았고, 그 해결책으로 욕망을 끊고 스스로를 비우는 금욕의 길을 제시했다.
기독교는 같은 고통 앞에서 전혀 다른 질문을 던진다. 인간은 과연 자기 힘만으로 이 고통의 굴레에서 벗어날 수 있는가, 아니면 인간의 능력을 넘어서는 어떤 도움과 은총이 필요하지는 않은가. 이 질문 앞에서 우리는 다시 한번 인간의 한계와 가능성, 그리고 구원이라는 말의 의미를 깊이 생각하게 된다. 구원은 인간이 스스로 쟁취해야 할 성취인가, 아니면 인간이 받아들이고 응답해야 할 선물인가. 이 물음은 여전히 독자 각자의 삶의 자리에서 다시 이어져야 할 질문으로 남는다.

05

/

사후세계에 대한 다양한 이해

: 사후 세계의 가능성에 대한 철학적·종교적 성찰

영혼의 존재를 전제로 한 질문

182

앞선 장에서 우리는 "인간에게 영혼이 존재하는가"라는 질문을
살펴보았다. 만약 영혼이 육체와 독립된 실재이며, 죽음 이후에도
어떤 방식으로든 '나'라는 의식의 흔적을 지닌다면, 또 하나의
질문이 자연스럽게 뒤따른다.
"그 영혼은 죽음 이후 어디서, 어떻게 존재할까?"
이 물음은 인류가 종교를 갖기 시작한 이래 수천 년 동안 반복해 온
가장 오래된 질문이다.

천국은 실제 장소인가?
극락이나 정토는 신화인가?
죽음 이후의 삶은 환상인가, 혹은 진리인가?

종교들은 서로 다른 관점을 지니지만,

공통적으로 '죽음 너머의 세계'가 실재한다고 말한다.

기독교 - "하나님이 예비하신 장소"

기독교에서 천국은 추상적 개념이 아니다. 예수는 제자들에게

이렇게 말했다.

"내가 너희를 위하여 거처를 예비하러 가노라."

(요한복음 14:1-3)

천국은

- 하나님과 함께 머무는 실제 장소이며
- 믿는 이들이 인격적 존재로서 다시 살아가는 세계이다.

그 문을 여는 것은 단순한 선행이 아니라 신앙, 회개, 사랑,

그리고 하나님의 은총이다.

후기불교 - 극락과 열반

무아론, 곧 영혼의 실재를 부정하며 죽음을 개인적 존재의 종말로
이해했던 초기불교와 달리, 후기불교는 점차 영혼의 지속성과
구원의 가능성을 사유하게 된다.[29]
그 결과 등장한 사상이 바로 서방정토, 곧 아미타불이 머무는
극락세계에 대한 신앙이다. 후기불교에서 극락은 고통과 번뇌가
완전히 소멸된 궁극적 행복의 세계로 이해된다.
극락왕생의 조건으로는 다음과 같은 요소들이 강조된다.

- 수행의 지속성
- 선행의 실천
- 마음의 청정
- 깨달음의 깊이

이 네 가지는 단순한 공덕의 양이 아니라, 존재 전체의 방향과 내적
변화를 가리킨다. 즉 극락은 사람이 죽은 뒤에 가는 장소이면서,[30]
동시에 마음속 욕심과 괴로움이 사라질 때 지금 이생의 삶에서
경험할 수 있는 평온한 마음의 상태를 뜻하기도 한다.

힌두교 - 브라만과의 하나됨(목샤)

힌두교는 죽음을 삶의 끝으로 보지 않는다. 죽음은 새로운 삶으로 이어지는 하나의 과정이다. 인간은 윤회를 거치며 여러 번 태어나고, 그 과정에서 자신의 업(業, 자신의 행위와 선택이 남긴 결과)을 조금씩 씻어 간다고 여겨진다.

힌두교에서 영혼은 아무 방향 없이 흘러가는 존재가 아니다. 영혼은 점점 더 자유로워지는 방향을 향해 나아가는 존재이다. 욕망과 무지, 고통과 집착에서 벗어날수록 영혼은 점점 자유로워진다.

이 자유가 완성된 상태를 힌두교에서는 목샤(mokṣa)라고 부른다. 목샤는 흔히 '구원'이라고 번역되지만, 단순히 행복해지는 것을 뜻하지는 않는다. 그것은 윤회의 반복에서 완전히 벗어나는 자유, 즉 더 이상 다시 태어나지 않는 상태를 의미한다.

힌두교에서 말하는 영혼은 한 사람의 '참된 나'를 뜻한다. 이 영혼은 죽음 이후에도 사라지지 않고, 자기 정체성을 지닌 채 윤회를 계속한다고 본다. 그리고 마침내, 이 영혼은 우주의 근본 원리인 브라만, 곧 우주적 영혼과 하나가 된다.

이때의 목샤란 어딘가로 이동하는 사건이 아니라,
영혼이 본래의 자리로 되돌아가는 일이다. 그래서 힌두교에서의
구원이란 새로운 세계로 가는 것이 아니라, 영혼이 완전한 자유
속에서 자신의 근원과 하나가 되는 삶의 궁극적 완성이라고 할 수
있다.

이슬람 - 영원한 보상의 세계

이슬람에서 천국(잔나)은 신앙과 선행을 지킨 자에게 주어지는
영원한 평화의 공간이다. 그곳에는

- 육체적 쾌락과 기쁨
- 그리고 정신적 평온이 완전하게 주어진다.[31]

요약

각 종교의 조건은 다르지만, 공통점은 하나다.
사후 세계는 '현실의 연장'이 아니라, '삶의 목적'이자
'완성'이다.

천국이 존재하려면 무엇이 필요한가?

천국이나 극락이 존재하려면 철학적으로 두 조건이 필요하다.

1) 인간이 영적 존재일 것

　: 육체가 사라져도 '나'라는 인격이 유지되는 영혼이 있어야 한다.

2) 그 영혼을 받아들이고 책임지는 절대적 존재가 존재할 것

　: 영혼을 창조하고 유지하며 이끄는 초월적 존재가 필요하다.

따라서 영혼이 실재하고 하나님이 존재한다면, 천국 역시 존재해야
한다. 특히 이 세상에서 이유 없이 고통받은 이들을 위해서라도
죽음 이후 반드시 억울함이 바로잡히는 보상이 있어야 한다.
이 때문에 칸트는 천국을 도덕의 완성을 위한 필연적 요소,
곧 최고선(最高善)이라 보았다.

"선한 자에게는 행복이 반드시 따라야 한다.
그러나 이 세상에서는 그것이 이루어지지 않는다.
그러므로 천국과 하나님은 도덕을 완성하기 위해
필요하다."

그러나 쇼펜하우어는 종교가 전제하는 모든 사후 세계를 철저히
거부한다. 그에게는

- 신도 없고
- 영혼도 없으며
- 사후 세계도 존재하지 않는다.

그에게 천국은 죽음 이후에 도달하는 세계가 아니라, 욕망이
사라진 뒤에 찾아오는 순간적 평정심이었다. 그것은 마치 맑고
조용한 정적(靜寂)처럼 잠시 스쳐 지나가는 상태에 불과했다.
이 점에서 그는 붓다와 거의 같은 길을 걸었다.

천국은 '장소'가 아니라, 현실 속에서 잠시 열리는 마음의 평안,
곧 적멸의 상태였다.

질문으로 남는 사후 세계: 천국과 극락은 무엇을 말하는가?

결국 인간은 천국과 극락을 두고 서로 다른 길 앞에 서게 된다.
한 길은 영혼의 존재를 인정하고 죽음 이후에도 삶의 완성이
이어진다고 믿는 길이며, 다른 한 길은 이 삶, 곧 현세의 삶을 전부로
받아들이고 죽음을 모든 것의 끝으로 이해하는 길이다.

그러나 이 문제는 어느 쪽이 옳은지를 가르는 선택의 문제가
아니다. 그것은 결국 나는 어떤 세계관으로 살아갈 것인가라는
질문으로 되돌아온다. 쇼펜하우어는 천국을 저 너머의 세계가
아니라 이 세계 안에서 잠시 경험되는 마음의 고요로 이해했다.
종교는 그 고요가 죽음 이후에도 이어질 수 있다고 말한다.

이 두 이해 사이에서 우리는 답을 강요받기보다 자신의 삶의 태도를
묻게 된다. 천국과 극락은 존재를 증명해야 할 대상이기보다,
우리가 어떤 세계관으로 살아갈지를 조용히 드러내는 질문일지도
모른다. 그리고 그 질문 앞에서 인간은 언제나 신 앞에, 혹은 세계
앞에 서 있는 존재로 남는다.

에필로그

1. 쇼펜하우어의 철학은
   기독교 신앙과 공존할 수 있는가?

우리는 지금까지 쇼펜하우어의 절망과 붓다의 비움을 지나왔다.
여기서 우리는 마지막 질문을 마주하게 된다. 쇼펜하우어가 끝까지
밀어붙인 인간의 한계는, 그 자체로 어떤 철학적·종교적 응답을
요청하는가? 본질적으로 그는 인간의 자력적 한계를 끝까지
밀어붙임으로써, 그 한계가 어떤 응답을 요청하는지 묻게 만든다.

붓다와 쇼펜하우어의 사상은 놀라울 만큼 많은 부분에서 서로 닮아
있다. 그러나 그들이 살았던 시대와 세계는 전혀 달랐다. 붓다가
고대 인도의 명상과 수행 속에서 진리를 깨달았다면, 쇼펜하우어는
과학이 모든 것을 설명할 수 있다고 믿던 근대 유럽의 중심에서
자신의 철학을 세웠다.

근대의 눈부신 발견과 신의 침묵

코페르니쿠스의 지동설, 뉴턴의 만유인력 법칙, 그리고 이어지는
과학의 비약적 발전은 인간의 시선을 하늘에서 땅으로 돌려놓았다.
자연은 더 이상 신의 비밀스러운 영역이 아니라, 수학과 과학, 즉
자연법칙으로 설명되는 세계가 되었다. 이 변화 속에서 전통적
기독교 신앙은 점차 자리 잡을 공간을 잃어갔다.
'신이 세상을 창조했다'는 믿음보다 '세상은 스스로 움직이는
자연법칙을 따른다'는 생각이 더 설득력을 가지게 된 것이다.

이 시대에 등장한 쇼펜하우어는 신이 아닌 '의지'라는 개념으로
세계의 근원을 설명했다. 그에게 인간의 삶은 이 보이지 않는
의지의 끝없는 발현이었다. 사람이 욕망하고, 사랑하고, 다투고,
절망하는 모든 이유가 바로 이 '우주적 의지'에 있었다. 그래서
인격적 신, 기도, 구원 같은 기독교적 개념은 그에게 더 이상
설득력이 없었다.

붓다와의 만남: 고통을 넘어서는 길

대신 쇼펜하우어의 시선은 동양으로 향했다.

그는 붓다의 가르침, 특히 무아(無我)와 열반(涅槃) 사상을 깊이

탐구했다.

"욕망을 버릴 때 고통이 사라진다"는 붓다의 말은

그가 말한 '의지의 부정'과 정확히 맞닿아 있었다.

그래서 쇼펜하우어는 종종 "서양의 붓다"라 불린다.

그가 읽었던 《우파니샤드》와 불교 경전들은 그의 사유에

새로운 길을 열어 주었다. 붓다가 고통을 끊기 위해 출가의 길을

선택했다면, 쇼펜하우어는 세속 한가운데에서 욕망을 끊는 철학적

수행의 길을 걸어갔다.

둘은 서로 다른 시대와 문화를 살았지만, 인간 내면의 평화를

'세상 바깥'이 아닌 '욕망의 소멸'에서 찾았다는 점에서 놀라운

공통점을 지닌다.

쇼펜하우어의 눈에 비친 기독교

그럼에도 불구하고, 쇼펜하우어의 철학은 기독교 신앙과 함께 설
수 없다. 그는 초월적 존재도, 인간 영혼도, 원죄나 속죄도 인정하지
않았다. 기독교의 구원은 하나님의 은총과 예수 그리스도의
십자가에 있다.
그러나 쇼펜하우어에게 구원은 오직 '욕망의 부정'이며,
신의 은총은 전혀 필요 없다. 그는 인간이 스스로 고통을 해결할 수
있다고 믿었다. 따라서 '신으로부터 오는 구원'이라는 기독교의
핵심 개념은 그의 사유에 들어설 자리가 없었다.
그에게 종교란 초월적 진리의 길이 아니라, 인간에게 도덕적
교훈을 가르치는 장치에 불과했다. 그래서 그는 이렇게 비꼬았다.

"계속해서 울리는 종소리, 사제의 복장, 경건한 몸가짐,
근엄한 동작 등은 경건함의 간판이며 거짓 겉모습이다.
세상의 거의 모든 것은 속 빈 호두와 같다. 알맹이는 드물고,
그것은 전혀 다른 곳에서 찾아야 한다."
- 쇼펜하우어, 《종교에 대하여》

그의 눈에 종교는 '껍데기만 남은 제도'에 지나지 않았다.

흥미로운 것은, 이런 종교 비판이 이미 석가모니에게서도 나타났다는 사실이다. 붓다는 브라만 계급이 제사라는 명분으로 권력과 부를 누리는 모습을 보고 분노했다.

그는 "왕에게 제사를 권하고, 그 대가로 여인과 집을 받는" 바라문(힌두교 최상위 성직자 계급)들을 향해 그들이 신을 위한 제사가 아니라 욕망을 위한 제사를 드린다고 꾸짖었다.

그래서 그는 세속의 개혁이 아니라, 인간 욕망의 근원을 끊는 출가의 길을 택했다.

이 점에서 석가와 쇼펜하우어는 닮았다. 둘 다 종교의 외형이 아니라, 내면의 진실성을 강조했다. 붓다는 연기론과 무아론으로, 쇼펜하우어는 우주적 의지와 개체화 원리로 세계가 스스로 존재하며 신적 창조자를 필요로 하지 않음을 드러냈다.

그리고 이 둘은 유신론적 종교가 약속하는 구원을 신뢰하지 않았다. 그들이 바라본 해방의 길은, 무엇보다 인간의 마음을 다스리는 데 있었다. 그들에게서 구원이란, 하늘에서 내려오는 선물이 아니라 인간이 자기 내면의 욕망을 제어하려는 결단이었다.

사유의 갈림길: 신 없는 구원의 한계

동일한 구원의 이해 위에서 쇼펜하우어의 철학과 기독교 신앙은
긴장 속에 설 수밖에 없다. 두 사상은 인간 구원을 바라보는
관점에서 서로 다른 길을 선택하기 때문이다.
기독교가 신과 인간의 관계 위에 서 있다면, 쇼펜하우어는 인간
스스로의 욕망을 다스리는 데서 구원을 찾는다.

그러나 바로 여기에서 의문이 생긴다. 인간의 의지가 스스로를
부정할 수 있다면, 그 의지는 과연 어디까지 자신을 구원할 수
있을까? 종교가 단지 도덕과 윤리만을 가르치는 도구라면,
인간은 더 이상 신을 찾지 않아도 될 것이다.
그러나 기독교는 바로 그 지점에서 이렇게 말한다.
"욕망으로부터의 자유와 해방은 인간의 힘이 아니라,
하나님의 도우심으로부터 온다."

질문 앞에 선 인간

결국 쇼펜하우어의 철학과 기독교 신앙은 같은 질문 앞에서 전혀
다른 방향을 가리킨다.
기독교는 인간의 고통을 더 깊이 바라보며 인간의 힘만으로는 그
무게를 끝까지 감당할 수 없다고 말한다.
하지만, 쇼펜하우어와 붓다는 인간의 마음을 다스리는 길을
제시한다. 그 길은 깊고 정직하며, 고통을 외면하지 않는다는 점에서
여전히 큰 울림을 준다. 기독교는 그 고통의 자리에서 인간이 스스로
오르기 이전에 먼저 다가오는 손이 있다고 말한다.

이 책은 그 어느 쪽의 손을 독자에게 강요하지 않는다.
다만 묻고자 했다.
우리는 어디에서 구원을 기대하며 살아가는가.
인간의 결단에서인가, 아니면 인간을 넘어선 초대에서인가.
이 질문 앞에 각자가 자신의 삶의 자리에서 잠시 멈춰 설 수 있다면,
그것만으로도 이 책의 여정은 충분히 의미가 있다.

2. 쇼펜하우어의 인생철학과
   기독교 신앙

쇼펜하우어는 기독교의 초월적·신비적 신앙 체계를 부정했지만,
고통, 자비, 겸손, 금욕, 자기 부인 등 기독교가 강조하는 핵심
주제와 놀라울 만큼 많은 공통점을 지닌다.
마치 무신론자가 구약성경의 잠언이나 전도서를 깊이 읽고,
현대인을 위한 해설서를 다시 쓴 듯한 인상을 준다. 그는 삶을
행복이나 쾌락의 터전이 아니라 고통이 깃든 현장으로 이해하며,
이 고통을 회피하지 않고 정면으로 인정하는 데서 참된 지혜가
시작된다고 보았다(전도서 7:1-2, 4).
쇼펜하우어는 인간이 식욕·성욕·소유욕 등 쾌락적 욕망에서
벗어나야 한다고 말하며, 이렇게 선언했다.

"삶은 허무하다. 하지만 욕망을 내려놓을 때,
진정한 자유가 시작된다."

(전도서 1:1-11, 2:22-26, 6:1-12 참조)

물질적 부에 대해서도 그는 매우 비판적이었다. 진정한 평화는
외적인 풍요가 아니라 마음 깊은 곳에서 솟아나는 고요함에서
온다고 보았기 때문이다.
그는 부를 이렇게 비유했다.

"부는 바닷물과 같다.
마시면 마실수록 더 큰 갈증을 불러일으킨다."
(디모데전서 6:10, 전도서 5:10 참조)

쇼펜하우어는 현실 속에서 행복을 찾기 위한 구체적인 실천법을
제시한다.

1. 비교하지 말라

행복을 잃는 가장 빠른 길은 남과 자신을 끊임없이 비교하는
것이다. 인간의 불행은 "갖지 못한 것에 대한 집착"에서 비롯된다.
진정한 행복은 타인을 부러워하지 않고, 자신이 이미 가진 것에
감사하며 만족하는 태도에서 시작된다(잠언 30:7-9, 마태복음 6:27-34,
누가복음 12:15 참조).

2. 쾌락을 쫓지 말라

비교를 멈추는 일은 곧 쾌락을 추구하지 않는 첫걸음이다.
그는 "행복이란 쾌락이 아니라, 고통이 없는 상태"라고 정의했다.
참된 평화는 감각적 자극이 아니라 마음의 평온에서 찾아진다
(잠언 15:16, 17:1, 요한복음 14:27 참조).

3. 고독을 두려워하지 말라

고독은 결핍이 아니라, 내면을 회복하고 단련하는 조용한

시간이다(마태복음 6:6, 마가복음 1:35 참조).

4. 지루함을 불행으로 여기지 말라

삶이 고통과 권태의 반복임을 받아들이고, 평범한 하루를 삶의 일부로 수용하는 태도가 지혜다(전도서 1:9, 5:18, 7:14 참조).

5. 불행을 자책하지 말라

불행은 누구에게나 찾아오며, 중요한 것은 그것을 어떻게 받아들이느냐이다.

"운명은 피할 수 없지만, 그 수용은 우리의 선택이다."

(욥기 1:21, 빌립보서 4:11-12, 로마서 5:3-4 참조)

도덕과 양심의 관계

쇼펜하우어는 도덕의 순수한 동기로 동정심을 꼽으며,
이를 모든 도덕 행위의 근원으로 보았다. 이는 칸트의 정언명령과
대비된다. 칸트에게 도덕은 초월자의 음성이 인간의 양심에 울리는
이성적 명령이며, 인간은 이를 자율적으로 판단하고 실천해야
한다. 즉,

- 쇼펜하우어는 '아래로부터의 도덕'
- 칸트는 '위로부터의 도덕'을 말한다.

그러나 두 사람 모두 양심의 역할에 대해서는 깊이 일치한다.
쇼펜하우어에 따르면 인간이 도덕적 존재가 되기 위해서는 먼저
개체화의 원리를 깨달아야 한다. 감각적 직관에서 출발한 인식은
세상의 고통과 죽음의 허무함을 자각하게 하고, 그 깨달음은 타인에
대한 연민으로 이어진다. 이 연민이 곧 도덕의 출발점이다.
그에게 동정심은 단순한 감정이 아니라, 인간 내면 깊숙한 곳에서
울리는 도덕적 인식, 곧 양심의 작용이었다.

그는 말했다.

"양심은 우리 자신의 행동을 우리 스스로가 판단하는 법정이다."

칸트 역시 비슷하게 정의했다.

"양심은 인간이 스스로를 재판하는 내면의 법정이다."

차이는 단지 중심축에 있다.

칸트는 이성적 판단을,

쇼펜하우어는 연민과 동정심을 중심에 둔다.

정리하면 다음과 같다.

- 쇼펜하우어: 개체화의 원리 → 직관 → 양심 → 감정(동정심)
- 칸트: 초월자의 명령 → 양심 → 이성적 판단

성경과 양심

성경 역시 양심을 하나님 앞에서 옳고 그름을 판단하는 내면의
기능으로 설명한다. 바울은 로마서 2:14-15에서,
'율법이 없는 이방인조차 양심의 작용을 통해 도덕적 판단을
한다'고 말했다. 즉, 양심은 하나님이 인간에게 주신 도덕적 인식의
도구이다(요한복음 8:3-9 참조).
기독교 윤리의 핵심 명령인 "네 이웃을 네 몸과 같이
사랑하라"(마태복음 22:39)는 쇼펜하우어가 강조한 동정심과
깊이 맞닿아 있다. 그의 동정심은 기독교의 이타적 사랑, 곧
아가페(agape)와 자연스럽게 연결된다.

다만 분명한 차이가 있다.
쇼펜하우어는 양심을 인간의 자연적 기능으로 이해한 반면,
기독교는 양심을 하나님이 부여한 선물로 본다.

쇼펜하우어 인생철학과 기독교 신앙과의 조화

쇼펜하우어는 인간의 자유와 책임을 중시하며, 고통을 회피하지
않고 수용하는 태도 속에서 진정한 자유에 이를 수 있다고 보았다.
그의 철학은 성경의 지혜서와 신약의 가르침이 전하는 고통, 인내,
자족의 삶과 여러 지점에서 깊이 공명한다.
물론 쇼펜하우어는 계시적 신앙과 초월적 하나님을 인정하지
않았다. 그럼에도 불구하고 그가 남긴 고통에 대한 통찰과 욕망을
내려놓는 삶의 태도는 신앙인에게도 스스로를 돌아보게 만드는
힘을 지닌다.

어쩌면 이 지점에서 쇼펜하우어의 철학과 기독교 신앙은 같은
답을 말하지 않으면서도, 같은 삶의 태도를 다른 언어로 가리키고
있는지도 모른다. 고통 앞에서 인간은 어떻게 살아야 하는가.
이 질문은 철학의 언어로도, 신앙의 언어로도 끝내 완전히 닫히지
않은 채 우리 각자의 삶 속에서 계속해서 다시 물어질 것이다.

쇼펜하우어는 고통의 실체를 직시하며 울었고,

붓다는 그 고통의 매듭을 풀며 미소 지었으며,

예수는 그 고통 너머에서 인간을 향한 사랑을 말하였다.

삶이 고통스러운 이유는 당신이 잘못 살았기 때문이 아니라,

우리가 '의지(욕망)'라는 파도 위에 놓인 존재이기 때문이다.

어떤 이들은 그 파도를 잠재우는 법을 배우려 했고,

어떤 이들은 그 파도 속에서 절망하며 삶을 포기하려 했다.

고통의 심연은 역설적으로

삶의 전환이 시작되는 자리가 될 수도 있다.

고통의 가장 깊은 자리에서 삶의 방향이

다시 정해지는 경우도 있기 때문이다.

절망이 끝나는 곳에서가 아니라, 그 절망을 어떻게 마주하느냐에

따라 삶은 전혀 다른 길로 이어질 수 있다.

인간은 스스로 고통을 멈추려는 자력의 길을 넘어,

그 한계를 성찰하는 지점에서 삶의 의미를 다시 묻게 된다.

이 책이 당신의 고통을 설명하거나 해결해 주지는 못하더라도,

그 고통을 바라보는 시선을 조금이라도 달리 보게 하는

작은 계기가 되기를 바란다.

부록

1. 과연 인간은 자기 한계를 넘어서는
어떤 용서와 사랑이 필요한가?

인간은 자신의 힘만으로 허무와 절망을 극복할 수 있을까?
쇼펜하우어와 니체는 이렇게 말한다.
"속죄도, 신의 은총도 필요 없다."
그러나 하버드대학교 심리학과 창설자이자 철학자인 윌리엄
제임스는 이에 반론을 제기했다. 그는 인간이 신의 은총과 속죄의
필요성을 이해하려면, 먼저 신의 존재와 인간의 죄라는 전제를
인정해야 한다고 보았다.

서양 철학에서는 오랫동안 본질(Essence)과 실존(Existence)이라는 두
개념이 논의되어 왔다. 본질은 변하지 않는 존재의 근본 성격, 다시
말해 '이상적이고 마땅한 모습'을 의미하고, 실존은 현실 속에서
실제로 살아가는 인간의 삶, 곧 '지금의 실제 모습'을 뜻한다.
이 둘을 어떻게 이해하느냐에 따라 인간과 구원, 그리고 신의
역할에 대한 철학적 입장은 크게 달라진다.

본질과 실존의 갈등

본질은 인간이 무엇이어야 하는지를 알려주는 나침반과 같다.
철학적으로는 플라톤의 이상적 원형이며, 아리스토텔레스가 말한
내재적 형상과 목적에 해당한다. 신학적으로는 하나님이 인간에게
부여한 목적과 성격, 곧 하나님의 형상을 가리킨다.

반면 실존은 인간이 현실 속에서 실제로 살아가는 방식을 뜻한다.
철학적으로 실존은 고정된 본질 없이 스스로 선택하며 자신을
만들어가는 존재이고, 신학적으로 실존은 하나님과 단절된
상태에서 경험하는 삶의 방식이다.

일원론: 본질과 실존은 하나다

붓다와 초기 불교, 스피노자의 범신론, 헤겔의 관념론, 마르크스와
포이어바흐의 유물론, 그리고 쇼펜하우어·니체·사르트르의
무신론적 실존주의는 이름은 서로 다르지만, 한 지점에서 만난다.
바로 본질과 실존을 구분하지 않는 일원적 관점이다.
현실 세계가 결핍되고 사악해 보일지라도 그것은 '본질에서
어긋난 타락한 모습'이 아니라, 애초에 세계가 가지고 있는 원래의
모습이라고 본다. 인간은 이 결핍된 실존을 있는 그대로 인정하고
욕망을 내려놓을 때 비로소 평안과 해탈에 이를 수 있다고 여긴다.
사르트르는 "실존은 본질에 앞선다"고 선언하며, 인간은 태어날
때부터 정해진 본질을 가지고 태어난 존재가 아니라, 자신의 선택과
행동을 통해 본질을 스스로 만들어 가는 존재라고 보았다.

쇼펜하우어 또한 초월적 존재가 정해 놓은 본질, 곧 하나님의
형상이나 이상적 원리를 인정하지 않았다. 그는 욕망과 고통으로
가득한 현실 세계 자체를 철학의 출발점으로 삼았다.
이 점에서 그는 사르트르와 닮았다. 두 사람 모두 본질의 개입 없이,
'지금 여기'의 인간 현실에서 출발한다.

그러나 그 이후의 방향은 크게 달라진다.

- 사르트르는 실존을 자유와 창조의 가능성으로 보았지만
- 쇼펜하우어는 실존을 원초적 결핍과 고통의 장으로 보았다.

같은 실존에서 출발했지만, 한쪽은 해방의 가능성을, 다른 한쪽은
고통의 필연성을 본 것이다.
붓다·쇼펜하우어·니체·사르트르에게 초월적 신은 필요하지
않았다. 속죄도, 은총도, 인간이 자유에 이르기 위한 필수 조건이
아니었다. 사르트르에게 인간은 이유도 없이 고통스러운 세계에
던져진 존재였다. 붓다와 쇼펜하우어, 니체도 인간이 허무한 현실
속에 놓여 있다는 점을 인정했다.

하지만 그들은 그 현실을 똑바로 바라보고 욕망을 끊거나 넘어서는
결단을 통해 자유와 해탈, 혹은 자신을 넘어서는 삶의
가능성을 모색했다. 그래서 붓다와 쇼펜하우어에게 인간은 신의
도움 없이도 스스로 욕망을 극복하고 정신적 고통을 해소할 수
있는 존재, 다시 말해 자기 자신을 초월할 수 있는 초인(超人)으로
이해되었다.[32]

이원론: 본질과 실존은 분리되어 있다

기독교 신학은 이와 정반대의 길을 걷는다. 기독교는 본질과
실존이 분리되어 있다고 본다. 본질은 하나님의 형상으로 존재하며,
인간은 하나님과의 관계 속에서 살아가도록 창조되었다.
그러나 최초 인간의 불순종으로 타락이 일어나면서 실존은 본질을
잃어버렸다.

그 결과, 인간 실존에는 고통과 불안, 죽음, 자기중심성, 그리고
하나님 부재에 대한 두려움이 따라오게 되었다.
인간 실존의 비극은, 자신이 되어야 할 본래 모습 - 곧 본질,
즉 하나님의 형상 - 을 잃고 하나님과 단절된 채 살아가고 있다는 데
있다.

칸트: 인간의 한계와 최고선

칸트는 인간이 도덕적 존재로 살 수는 있지만, 스스로 완전한
도덕적 선에 도달하는 것은 불가능하다고 보았다. 그가 말한
최고선(最高善), 즉 도덕적 완성과 행복의 일치를 이루기 위해서는
인간의 노력만으로는 충분하지 않으며, 반드시 신의 존재와
은총이 필요하다고 주장했다.

인간은 도덕적 의무를 수행할 수는 있지만, 선하게 산 사람과
악하게 산 사람이 각자의 행위에 걸맞은 보상과 심판을 받기
위해서는 이 세상을 넘어선 정의의 보장, 곧 신적 섭리가
필요하다는 것이다.

리쾨르: 단절 속 회복을 지향하는 실존

프랑스 철학자 폴 리쾨르는 본질과 실존이 서로 단절되어 있다고
보았지만, 그 단절 속에서도 회복의 가능성을 보았다.

인간 실존은 하나님 안에서 끊임없이 본질을 향해 나아가는
여정이며, 단절 속에서도 의미를 찾고 회복을 향해 움직이는
존재이다. 본질은 하나님 안에 있는 초월적 실재이고, 실존은
그로부터 멀어져 있으나 하나님과의 관계 속에서 조금씩 회복될 수
있다.

리쾨르에게 인간은 단절과 회복, 소외와 화해 사이를 살아가는
존재이며, 하나님 앞에서 자신을 성찰하고 실천하는 존재이다.[33]

키에르케고르는 본질과 실존의 단절을 실존적 절망의 근본
원인으로 보았다. 인간은 자기 자신이 되기를 원하지만,
실제로는 되지 못한다. 그리고 그 모순은 하나님과의 단절,
즉 죄에서 비롯된다.

그가 제시한 절망 극복의 길은 세 가지로 정리할 수 있다.

1. 쾌락이나 도덕으로 도피하며 절망을 부정하는 삶

    (감각적 유물론, 쾌락주의)

2. 절망을 인식하고, 스스로의 힘으로 본질을 회복하려는
    자율적 실존

    (붓다, 쇼펜하우어, 니체, 사르트르)

3. 절망을 직면하고, 신 앞에서 도약하여 구원을 찾는 삶

    (칸트, 키에르케고르, 리쾨르)

키에르케고르는 오직 세 번째 길만이 참된 자기실현의 길이라고
보았다. 인간은 신 앞에서 자신의 죄를 인정하고, 전적인 의존과
신뢰로 하나님께 도약해야 한다.

그래서 그는 인간을 '신 앞에 선 단독자'라 불렀다.

"신 앞에 선다는 것은, 인간이 참된 자아로 돌아가는 길이며,

그 길은 오직 신앙을 통한 도약만으로 가능하다."

틸리히: 존재에의 용기와 구속적 은총

틸리히에게 '존재에의 용기'는, 죄와 욕망으로 인해 본질을 잃고

단절 속에 놓여 있는 인간을 하나님이 그대로 받아주셨다는 사실을

예수 그리스도의 십자가 사건을 통해 깨닫는 데서 비롯된다.

그는 인간이 스스로는 잃어버린 본질(하나님의 형상)로 돌아갈

능력이 없다고 보았다.

그러나 십자가는 "그럼에도 불구하고 하나님은 인간을

용서해주신다"는 궁극적 용납(Acceptance)의 사건이며, 이 용납을

받아들이는 순간, 인간은 다시 존재할 힘, 다시 살아갈 용기 - 바로

존재에의 용기를 얻게 된다.

그래서 틸리히에게 인간의 회복은 인간 자신의 노력에서가

아니라 하나님께서 용서해주시는 은총에서 시작된다.

결론: 인간과 신의 은총

일원론적 철학자들은 인간이 스스로 허무와 고통을 받아들이는 것만으로도 자유에 이를 수 있다고 보았다. 그러나 기독교적 관점에서는 인간 실존의 회복과 참된 자기실현이 궁극적으로는 인간 자신의 능력만으로는 완성되기 어렵다고 말한다.

틸리히가 말한 '존재에의 용기'나, 칸트와 키에르케고르가 강조한 '신 앞의 도약' 역시 인간의 노력만으로 도달하기 어려운 차원을 가리킨다. 그들의 사유는 인간 너머에서 주어지는 어떤 힘, 곧 하나님의 은총을 필요 조건으로 이해한다.

이런 관점에서 볼 때, 기독교는 인간 실존의 회복을 인간 자신의 능력보다는 하나님에게서 주어지는 구속적 은총에 두고 이해해 왔다. 그 은총은 본질과 실존 사이의 단절을 인간의 노력만으로 메우려는 시도에 하나의 한계를 제시하며, 회복의 가능성을 다른 차원에서 열어 보인다.

인간이 과연 자기 힘만으로 허무와 절망을 넘어설 수 있는지, 아니면 인간 너머에서 주어지는 도움을 필요로 하는 존재인지에 대한 질문은 이 지점에서 다시 독자의 사유로 돌아간다.

2. 쇼펜하우어와 칸트 :
  종교의 본질에 대한 비교

인간은 왜 종교를 필요로 할까?

쇼펜하우어는 종교를 신이나 초월 세계의 문제로 보지 않았다.

그에게 종교는 인간에게 삶을 견디게 하고 고통 속에서도 자신을

바로 보게 하는 하나의 실존적 장치였다.

교리나 제사보다 중요한 것은 사람이 자신의 욕망을 성찰하고

타인의 고통을 이해할 수 있는 마음의 태도였다. 종교는 외적인

의식이 아니라 내면을 다스리는 마음의 훈련에 가까웠다.

그렇다면 칸트는 이러한 관점에 동의했을까?

완전히 그렇지는 않았을 것이다.

칸트는《이성의 한계 안에서의 종교》에서 인간이 스스로

도덕적으로 완성될 수 없음을 지적하며, '근본악(根本惡)'이라는

개념을 통해 신의 도움과 초월적 근거를 필수로 보았다.

칸트의 근본악 사상

칸트에게 인간은 본성 속에 자연스럽게 악을 향하는 성향을 지닌
존재였다. 그는 이를 근본악이라 불렀다.
그 근본악은 세 가지 성향으로 나타난다.

- 마음의 연약함: 선을 원하지만 실천할 힘이 부족함
- 마음의 불순성: 선한 행위 속에도 감정·욕망·이익 등 불순한
  요소가 섞임
- 마음의 사악성: 선을 알면서도 악을 선택할 수 있는 내적 부패

칸트는 가장 선한 인간에게조차 악의 성향이 존재한다고 보았다.
근본악은 인간이 스스로 도덕적 완성에 이를 수 없다는 사실을
드러내며, 동시에 신의 존재와 은총의 필요성을 자연스럽게
보여주는 개념이었다.

계몽주의적 인간 이해와의 결별

당시 계몽주의 철학자들은 인간을 낙관적으로 이해했다.

그러나 칸트는 인간 존재의 어두운 면을 정직하게 응시했다.

근본악 아래에서 인간은 스스로의 한계를 인정하고,

신의 도움을 요청할 수밖에 없다.

이로써 칸트의 도덕과 종교 이해는

단순한 인간 중심적 윤리를 넘어, 초월적 차원으로 확장되었다.[34]

칸트와 기독교 신앙의 차이

기독교는 원죄 때문에 인간이 스스로 선을 행할 수 없다고
가르친다. 칸트 역시 인간이 도덕적으로 타락했음을 인정했지만,
그 안에는 여전히 선을 향한 의지가 남아 있다고 보았다.
그렇기에 인간은 신의 도움을 받아 도덕적 삶을 살아야 한다.
칸트에게 예수는 단순한 도덕 교사가 아니었다.
예수는 도덕적으로 완전한 존재이며, 인간은 그를 믿고 의지해야
했다.
또한 인간은 예수의 도덕적 완전성을 본받아 도덕적 삶을 실천해야
한다. 그러나 그 완전성은 인간이 스스로 이룬 것이 아니라
신으로부터 온 것이었다.[35]
따라서 도덕적 신앙은 신의 도움, 즉 은혜를 전제로 한다.

이 점에서 칸트의 종교 이해는 쇼펜하우어와 근본적으로
다르다. 쇼펜하우어에게 종교는 금욕과 절제를 통해 정신적
고통에서 벗어나기 위한 길이며, 인간 스스로 자신을 구원하는
과정이었다.
반면 칸트에게 종교는 인간이 근본악 속에서 신의 은혜를 구하며
도덕적 완성으로 나아가는 실존적 응답이었다.

《실천이성비판》과 《종교론》에서의 신 존재 증명

칸트는 《실천이성비판》에서 최고선 개념을 통해 신의 존재를
설명했다. 최고선이란 "도덕적으로 선한 삶을 사는 사람에게는
마땅히 행복이 따라야 한다"는 원리이다.
그러나 현실에서 이러한 보상은 즉각적으로 주어지지 않으며, 한
인간의 평생을 통틀어도 완전히 실현되지 않는 경우가 많다.
이로 인해 인간은 자신의 힘만으로는 도덕적 완성과 그에 상응하는
행복을 온전히 성취하기 어렵다는 한계에 부딪힌다.
바로 이 지점에서 도덕과 행복의 궁극적 일치를 보장하는 근거로서
신의 존재가 요청된다.

반면 《종교론》에서 칸트는 인간의 도덕적 한계와 반복되는
실패를 더 직접적으로 다루었다. 인간은 스스로 완전하게 선을
행할 수 없으며, 때로는 악을 선택할 가능성도 지닌다. 이 현실을
인정하는 순간, 인간은 도덕적 완성을 위해 신의 도움과 은혜를
요청할 수밖에 없다. 즉 인간의 약함을 인정하는 바로 그 지점에서
인간은 스스로 신에게 의지하며 도덕적 성장과 선을 향한 내적
노력을 시작하게 된다.

종교의 본질에 관한 칸트와 쇼펜하우어의 대화

늦은 오후, 오래된 서재 한가운데에서 칸트와 쇼펜하우어가
마주 앉아 대화를 나누는 모습을 상상해보자.
두 사람 앞에는 차 한 잔이 식어가고,
창밖에는 잔잔한 빛이 내려앉는다.

쇼펜하우어가 먼저 말을 꺼낸다

"종교란 결국 인간이 스스로 고통을 이겨내기 위한 도구일
뿐입니다. 사람의 마음을 다스리고 욕망을 끊을 수 있다면,
그 자체로 충분하지 않겠습니까?"
그의 눈빛은 단호하고, 말투는 확신으로 채워져 있다.

칸트가 조용히 미소를 지으며 대답한다

"그대 말이 한편으로는 맞지요. 하지만 인간이 스스로를
다스리는 것이 언제나 가능한 일일까요?"
그는 책상 위의 펜을 살짝 굴리며 말을 이었다.
"나는 인간이 근본적으로 약한 존재라고 생각합니다.
선한 마음을 가져도, 그 마음을 끝까지 지키지 못하는 일이
많습니다.

그래서 나는 인간이 자기 한계를 넘어설 근거를 자기 밖에서 찾아야
한다고 보지요.”

쇼펜하우어가 고개를 젓는다

“신의 도움이라니… 인간은 자기 힘으로 욕망을 버리고
내면의 평정을 찾을 수 있습니다.
종교는 마음의 수련을 돕는 수단일 뿐이지요.”

칸트는 조금도 흔들리지 않는다

“나는 그렇게 보지 않습니다. 인간의 마음에는 항상 약함이
스며 있습니다. 선한 의지를 가지고도 흔들리고, 악을 알면서도
선택할 수 있는 존재이지요. 그래서 나는, 도덕적 삶을 지속하게
하는 어떤 초월적 존재, 즉 신을 요청할 수밖에 없다고 봅니다.”

두 사람은 한동안 침묵에 잠긴다.
바람이 서재의 커튼을 살짝 흔들고, 저 멀리 교회 종소리가
들려온다.

칸트가 다시 입을 연다

“나는 종교를 단순히 인간의 심리를 다스리는 장치로 보지

않습니다. 종교는 인간의 한계를 넘어서는 길이며, 인간과 초월적
존재 사이의 실제적 관계라고 보았지요."

쇼펜하우어가 다시 말한다

"그러나 나는 인간이 스스로 고통을 극복할 수 있다고 믿습니다.
금욕과 깊은 내면의 수련을 통해 구원은 인간이 스스로 얻을 수
있는 것입니다."

칸트는 조용하지만 단호한 목소리로 답한다

"그렇기에 우리의 길은 다릅니다.
당신은 스스로를 다스리는 종교를,
나는 초월적 도움을 요청하는 종교를 말하지요.
둘 다 인간의 고통을 진지하게 다루지만, 해결의 방향은
서로 다른 곳을 향합니다."

두 철학자는 서로의 말에 반박하지 않았다.
그저 자신이 본 세계를 가장 정직한 방식으로 말했을 뿐이다.

그리고 독자인 우리는, 그 대화 사이에 흐르는 긴장과 차이를 통해
한 가지 중요한 사실을 깨닫게 된다.

이 둘의 차이를 정리한다면

- 쇼펜하우어

    ☞ 종교는 인간이 스스로 마음을 다스려 고통을 극복하는 길.

    ☞ 구원은 내면 수련과 금욕에서 온다.

- 칸트

    ☞ 종교는 인간의 근본적 약함을 넘어서는 초월적 근거.

    ☞ 인간은 신의 도움 없이 완전한 선에 이를 수 없다.

칸트의 길은 윤리를 넘어 신앙으로, 그리고 인간의 한계를 넘어
초월적 실재와의 관계로 이어진다. 이 점에서 그는 기독교 신앙과
자연스럽게 맞닿아 있다. 하지만, 그의 주장은 어디까지나
"이성이 요청하는 종교"라는 범위 안에 서 있다.
반대로 쇼펜하우어는 철저히 인간의 내면에서 해결책을 찾는
자연주의적 시선을 고수한다.

서로 다른 길, 그리고 남는 질문

결국 두 사람은 같은 물음,

"인간은 어떻게 고통을 이겨낼 수 있는가?"에서 출발했다.

그러나 그들이 내놓은 대답은 서로 다른 두 길로 갈라진다.

한 사람은 인간 내면의 힘을,

다른 한 사람은 초월적 도움을 바라보았다.

이 차이는 누가 옳고 그른 지를 단번에 결정하기보다,

종교가 무엇이며 구원이 무엇인지에 대해

우리를 다시 생각하게 만든다.

인간은 과연 자기 안에서만 해답을 찾을 수 있는가.

아니면 인간의 한계를 넘어서는 어떤 근거와 도움을 필요로

하는가.

이 질문은 독자 각자의 삶의 자리에서 조용히 계속 이어져야 할

물음으로 남는다.

후
주

[1] 쇼펜하우어가 말하는 의지 : 생명의 근원적 동력

흔히 우리가 사용하는 '의지'라는 단어는 "공부를 하겠다"거나
"목표를 이루겠다"는 식의 이성적인 결심을 의미한다. 그러나
쇼펜하우어가 정의하는 의지는 이러한 의식적인 선택보다 훨씬
깊은 곳에 자리 잡고 있다. 그것은 인간이 무언가를 생각하고
판단하기 이전부터 이미 존재 내부에 흐르고 있는 '살고자 하는
맹목적인 힘'이다.

이를 이해하기 위해 우리의 신체 활동을 떠올려 볼 수 있다.
우리가 잠든 사이에도 심장은 쉼 없이 뛰고 폐는 숨을 쉬며 생명을
유지한다. 이는 우리의 이성이 명령한 결과가 아니라, 생명 그
자체에 내재한 거대한 에너지가 스스로를 보존하기 위해 작동하는
것이다. 쇼펜하우어는 바로 이 힘, 즉 인간의 머리(이성)보다 앞서
작용하는 이 근원적인 에너지를 '의지'라고 일컬었다.

중요한 것은 이 의지가 비단 인간에게만 국한된 것이 아니라는
점이다. 단단한 아스팔트를 뚫고 솟아오르는 가냘픈 새싹의
강인함이나, 생존을 위해 먹잇감을 쫓는 맹수의 본능 역시 동일한
의지의 발현이다. 쇼펜하우어는 인간의 논리나 지성보다,
온 세상을 추동하는 이 본능적인 의지가
세계의 더 본질적인 뿌리라고 통찰하였다.

따라서 쇼펜하우어의 관점에서 인간은 자신의 삶을 완전히
자유롭게 기획하고 선택하는 주인공이라기보다, 우주 전체에
편재하는 거대한 의지의 바다가 잠시 '나'라는 파도의 형상으로
드러난 존재에 가깝다. 결국 인간은 스스로 배를 젓고 있다고
믿지만, 실제로는 거대한 의지의 물결에 실려 나아가는 한 조각
현상인 셈이다.

[2] 쇼펜하우어가 말하는 표상

쇼펜하우어가 말하는 표상이란 우리가 눈으로 보고 귀로 듣고
몸으로 느끼는 이 세계를 뜻한다. 그는 인간이 세상을 있는 그대로
인식한다고 보지 않았다. 인간은 감각을 통해 자신에게 드러난
모습으로만 세계를 경험할 수 있다고 보았다. 그래서 우리가
살아가는 이 현실 세계는 객관적인 실재 그 자체라기보다, 인간에게
그렇게 보이고 그렇게 느껴지는 세계이다. 쇼펜하우어는 이처럼
인간의 인식 속에 나타난 세계를 '표상'이라고 불렀다. 어쩌면
이러한 이해는 인도철학이 말하는 마야와 '표상으로서의 세계'가
서로 맞닿아 있다고 볼 수 있는 지점이기도 하다.

[3] 표상과 의지의 이중 구조: 무대 위의 배우와 숨겨진 본질

쇼펜하우어에 따르면, 자연계에 존재하는 수많은 힘과 에너지는
겉보기에 매우 다양해 보이나 그 근본 바탕은 단 하나로 귀결된다.
그는 우리가 눈으로 보고 감각으로 인식하는 이 세계를 '표상(表象,
Representation)'이라 부르고, 그 표상의 이면에 숨어 세상을 움직이는
단일한 본질을 '우주적 의지'라고 정의하였다.

이해를 돕기 위해 하나의 연극 무대를 상상해 볼 수 있다. 무대
위에는 수많은 배우가 등장하여 각기 다른 옷을 입고 저마다의
대사를 읊조린다. 관객의 눈에는 배우들이 모두 별개의 인물처럼
보이지만(표상), 사실 이 모든 연극을 기획하고 배우들에게 움직임을
부여하는 것은 무대 뒤에 숨겨진 단 하나의 시나리오이자 연출가의
의도(우주적 의지)이다.

이러한 이중 구조는 인류 지성사의 오랜 흐름과 맞닿아 있다.
플라톤이 말한 '이데아와 현상', 칸트의 '물자체와 현상', 그리고
인도 우파니샤드 철학의 '브라흐만(우주의 근원)과 마야(환상)'의
관계는 모두 쇼펜하우어의 통찰과 궤를 같이한다. 쇼펜하우어에게
자연법칙이란 거대한 의지가 현실 속에서 자신을 드러내는
규칙이며, 우리 개개인은 시간과 공간이라는 조건 속에서 그 의지가
각기 다른 모습으로 나타난 결과물일 뿐이다.

철학자 박찬국은 이러한 사유 구조를 불교의 연기론(緣起論)과
상응하는 것으로 해석한다. 모든 존재가 홀로 서 있는 것이 아니라
서로 얽혀 있는 거대한 그물망의 일부이듯, 우리 역시 독립적인
주체가 아니라 우주적 의지라는 하나의 뿌리에서 뻗어 나온
가지들이라는 통찰이다.

[4] 칸트 철학의 계승과 전환

많은 연구자는 쇼펜하우어가 칸트의 선험적 관념론(일명 초월적
관념론)을 계승했다고 본다. 크리스토퍼 재너웨이와 브라이언
마지는 그가 칸트의 '사물 자체'를 '의지' 개념으로 재해석함으로써,
보다 구체적이고 직관적인 형이상학으로 발전시켰다고 평가한다.
다만 칸트가 사물 자체를 인간이 알 수 없는 초월적 실재로 간주한
반면, 쇼펜하우어는 이를 자연 속에서 경험 가능한 실질적 힘으로
이해했다. 이 점에서 그의 '우주적 의지'는 초월적 존재라기보다,
자연의 내적 원리나 법칙, 곧 자연법칙을 설명하는 철학적 개념에
더 가깝다.

[5] 불교의 인간 이해: 오온과 무아

불교에서 인간은 고정불변한 실체가 아니라, 다섯 가지 요소가
잠시 모였다가 흩어지는 존재로 이해된다. 이를 오온(五蘊)이라
부르며, 색(육체), 수(느낌 혹은 감정), 상(생각), 행(의지적 작용), 식(의식이나
판단)이라는 다섯 요소가 인간을 이룬다고 설명한다. 이 다섯 가지는
원인과 조건이 모여 잠시 형성되었다가 다시 흩어진다. 그래서
불교는 인간에게 영원한 자아나 영혼이 존재하지 않는다고 본다.
요약하면 인간은 고정된 실체라기보다 끊임없이 변하는 과정 속에
있다가 사라지는 존재이다.

[6] 개체화 원리와 무아론

쇼펜하우어의 개체화 원리에 따르면 개별 생명체는 우주적
의지라는 하나의 본질이 잠시 드러난 현상일 뿐이다. 개체는
독립된 실체가 아니라, 의지가 시간·공간·인과율 속에서 나타난 한
순간의 모습이다. 이러한 이해는 불교의 무아론, 곧 '영원한 자아는
없다'는 가르침과 구조적으로 닮아 있다. 존재를 실체가 아니라
현상으로 이해할 때, 세상과 삶에 대한 미련과 집착을 내려놓을 수

있는 가능성이 열린다. 불교에서 말하는 깨달음의 출발점도 바로
이 지점에서 시작된다.

[7] '의지의 부정'에 대한 현대적 해석

크리스토퍼 재너웨이는 쇼펜하우어의 '의지의 부정'을 모든 의지
활동의 전면적 제거로 이해해서는 안 된다고 본다. 그 핵심은
삶을 고통으로 몰아넣는 자기중심적 욕망을 끊는 데 있다. 생명을
유지하는 기본적 의지나 타인을 향한 비이기적 행위까지 부정하는
것은 아니라는 것이다. 길 프론스달 역시 초기 불교가 모든 욕망을
없애라고 가르친 것이 아니라, 고통을 낳는 해로운 욕망을 버리라고
강조한다고 설명한다. 이 관점에서 보면 쇼펜하우어와 초기 불교는
욕망의 유무보다 욕망의 질과 방향성에 더 주목한다는 점에서 깊은
공통점을 지닌다.

[8] 고독과 수행: 내적 자유의 공간

쇼펜하우어에게 고독은 단순한 사회적 고립이 아니라, 세상의

소음에서 벗어나 자신의 내면을 직관적으로 응시하는 수행의 공간이었다. 그는 이 고독 속에서 욕망과 집착을 정면으로 마주하며, 존재의 근원을 깊이 파악하고자 했다. 이러한 고독의 의미는 붓다의 명상 수행과도 비교될 수 있다. 붓다는 숲속이나 나무 아래에 홀로 머물며 명상할 것을 권했고, 그 과정에서 만물의 무상함을 깨닫도록 가르쳤다.

경전은 다음과 같이 전한다. "홀로 앉아 명상을 닦으십시오. 홀로 있는 데서 기쁨을 찾으십시오. 홀로 있는 것이 해탈의 길이라 불립니다."(숫타니파타, 718) "성자의 삶을 사는 이는 숲속 빈터나 나무 아래에서 머물며 선정에 전념하고, 스스로 만족함을 배우십시오."(숫타니파타, 708-709) 이처럼 붓다의 명상과 쇼펜하우어의 고독은 모두 외적 고립을 통해 내적 자유에 이르는 길이라는 점에서 구조적 유사성을 지닌다.

[9] 동정심과 도덕의 기초

데이비드 카트라이트는 쇼펜하우어 연구를 대표하는 학자 가운데 한 사람으로, 인간 행위의 동기를 이기심과 동정심으로 구분한다. 그에 따르면 쇼펜하우어에게서 도덕적 가치를 지니는 행위는 오직 동정심에서 비롯된 행동뿐이다. 동정심은 타인의 고통을 자신의 고통처럼 느끼는 감정에서 비롯되며, 정의(타인을 해치지 않음)와 자애(타인을 돕는 마음)의 근거가 된다. 카트라이트는 상상력을 통해 타인과 자신을 동일시함으로써, 타인의 고통을 자신의 고통처럼 느낄 수 있을 때 비로소 진정한 도덕적 실천이 가능하다고 본다(David E. Cartwright, 《Schopenhauer on the Value of Compassion》, 2011).

[10] 팔정도와 깨달음의 길

붓다가 제시한 열반에 이르는 구체적인 길이 바로 팔정도이다. 그 핵심은 올바른 견해와 올바른 집중으로 요약할 수 있다. 올바른 견해란 연기, 무상, 무아와 같은 붓다의 세계관을 받아들이는 것이며, 올바른 집중은 이 진리를 깊이 통찰하기 위한 명상 수행을 뜻한다. 이를 위해서는 먼저 힌두 전통의 신관이나 내세 신앙, 영혼관과 같은 형이상학적 집착을 내려놓는 올바른 정진이 선행되어야 한다.

이러한 집착이 비워질 때 수행자는 신비적 상상이나 주관적 투사를 넘어 사물을 있는 그대로 관찰하는 맑은 알아차림(올바른 새김)에 이르게 된다. 이와 같은 마음 상태에서 명상은 비로소 가능해지며,

이때 수행자는 자아와 명상 대상이 고정된 실체가 아니라는 사실,
곧 모두 무아적 존재임을 깊이 깨닫게 된다.

[11] 로카야타 학파와 붓다의 거리두기

정세근에 따르면 석가 당시 인도에는 여러 사상이 공존했으며,
그중 강력한 흐름 가운데 하나가 차르바카, 곧 로카야타 학파였다.
이들은 감각으로 확인되지 않는 것은 존재하지 않는다고 주장하며,
영혼과 내세, 신과 업과 과보를 모두 부정했다. 인간은 죽으면
흙·물·불·바람이라는 네 가지 물질적 요소로 환원될 뿐이며,
인생의 목적은 현세의 쾌락을 누리는 것이라고 보았다.
석가는 이러한 유물론을 전적으로 수용하지도, 전적으로
거부하지도 않았다. 영원한 자아의 부정이나 초월적 신의 부정에는
어느 정도 동의했으나, 쾌락을 삶의 중심에 두는 태도는 단호히
거부했다. 그는 절제와 도덕, 그리고 해탈을 삶의 궁극적 목표로
제시했다(정세근, 《윤회와 반윤회》참조).

[12] 쇼펜하우어와 동양 사상의 접점

브라이언 마지는 쇼펜하우어를 "가장 동양적인 서양 철학자"라고 평가한다. 그는 쇼펜하우어가 힌두교와 불교, 도교 사상의 핵심 개념들을 서양 철학의 언어로 통합하려 했다는 점에 주목한다. 특히 '의지의 부정' 개념은 불교의 열반 사상, 곧 욕망으로부터의 해탈 개념과 깊이 연결되어 있다. 마지는 이러한 사유를 통해 쇼펜하우어가 인간 고통의 본질을 통찰하고, 철학적으로 고통을 넘어서는 길을 모색했다고 평가한다(Bryan Magee, 《The Philosophy of Schopenhauer》, 1983).

[13] 틸리히의 하나님 이해: 존재의 근원

틸리히가 "하나님은 존재하지 않는다"고 말할 때, 이는 하나님이 우리와 같은 하나의 개별 존재가 아니라는 뜻이다. 그는 하나님을 모든 존재를 가능하게 하는 존재의 근원(Ground of Being)으로 이해했다. 틸리히는 하나님을 '절대적 비존재'라고 부르기도 했는데, 이는 하나님이 가시적 세계를 넘어선 초월적 영이라는 의미이다. 이러한 관점은 힌두교의 브라만 사상과 비교될 수

있으나, 틸리히의 하나님은 자연과 동일시되는 범신론적 실재가
아니라 자연과 구별되는 초월적 하나님이라는 점에서 분명한
차이를 지닌다.

[14] 유신론적 진화론 논의

최근 한국 신학계에서는 유신론적 진화론에 대한 논의가
이어지고 있다. 이 관점은 생명이 전적으로 우연의 산물이라고
보는 무신론적 진화론과 달리, 자연의 질서와 생명의 과정 속에
하나님의 섭리와 목적성이 작용했을 가능성을 인정한다. 그러나
이것은 과학적으로 증명된 사실이 아니라, 신앙 안에서 가능한
하나의 해석일 뿐이다. 무신론적 진화론은 생명의 목적과 방향성을
설명하기 어렵고, 유신론적 진화론은 하나님의 섭리를 과학 언어로
표현하기 어렵다는 한계를 지닌다. 결국 생명의 기원은 과학도
신학도 완전히 설명하지 못하는 신비로 남아 있다.

[15] 우주의 정밀 조율 문제

현대 과학은 지구와 우주가 생명이 존재할 수 있도록 놀라울 만큼 정밀하게 조율되어 있다는 사실을 보여 준다. 이러한 정교함이 단순한 우연의 결과인지, 아니면 어떤 질서의 흔적인지에 대해서는 여전히 해석의 여지가 남아 있다. 이 책은 독자가 이 질문 앞에서 스스로 사유하고 성찰하도록 초대한다.

[16] 자유의지와 도덕적 악

플랜팅가에 따르면 도덕적 악은 인간에게 부여된 자유의지에서 발생한다. 전능한 하나님이 자유로운 피조물을 창조하셨다면, 그 피조물이 악을 선택할 가능성 역시 필연적으로 포함된다. 그러므로 악의 존재는 하나님의 전능성과 논리적 모순을 이루지 않는다. 요약하면 도덕적 악은 인간의 자유로운 선택 능력에서 비롯되며, 자유의지는 선과 악의 가능성을 함께 내포한다(Alvin Plantinga, 《God, Freedom, and Evil》, 1974; 《The Nature of Necessity》, 1974).

[17] 벨테의 고통 이해

독일의 종교철학자 벨테는 고통을 단순한 불행이 아니라, 하나님이 침묵 속에서 인간을 마주하시는 순간으로 보았다. 인간이 그 침묵을 이해하지 못하더라도 하나님은 존재하며, 인간은 결국 그분 앞에 자신을 맡길 수밖에 없다는 것이다. 그에게 신앙 안의 고통은 하나님과 맞서는 싸움이 아니라, 하나님과 함께 의미를 찾아가는 여정이다.

[18] 고통과 초월적 의미

폴 리쾨르, 임마누엘 칸트, 쇠렌 키에르케고르는 모두 인간이 겪는 고통 속에서 삶의 더 깊은 의미가 드러난다고 보았다. 리쾨르는 우리가 살아가는 현실 세계와 그 현실 너머에 있는 더 깊은 의미를 구분했으며, 인간이 자신의 삶과 역사를 통해 하나님의 뜻을 조금씩 해석해 간다고 보았다. 칸트는 눈에 보이는 세계와 눈에 보이지 않는 차원을 구분함으로써, 우리가 겪는 고통만 보고 세상 전체를 판단해서는 안 된다는 점을 일깨웠다. 키에르케고르는 인간이 고통 속에서도 하나님 앞에 서 있는 존재로서 자신의 삶을 선택하고 그 선택에 책임을 져야 한다고 말했다.

이 세 사상가의 공통점은 인간이 고통을 피하려고만 할 때가
아니라, 그 고통과 마주하며 그 너머의 의미를 묻는 순간에 비로소
삶의 의미를 발견하게 된다는 점이다. 결과적으로 이들은 고통이
삶을 무너뜨리는 데서 끝나지 않고, 삶의 의미를 다시 묻게 만드는
계기가 될 수 있다고 보았다.

[19] 공자의 하늘 사상

공자가 하늘에 무관심했다는 평가는 옳지 않다. 그는 우주
어딘가에 정의를 지지하는 힘이 존재한다고 믿었다. 논어에
따르면 공자는 오십 세에 천명을 깨달았다고 하여 이를 지천명이라
불렀다. 그는 하늘로부터 정의를 세우라는 소명을 받았다고
이해했다. 공자는 "하늘이 나에게 이 정의의 선포를 맡긴 이상, 누가
이를 막을 수 있는가", "하늘에 죄를 지으면 세상에서 돌아 기도할
곳이 없다"고 말하며 신적 질서에 대한 경외를 표현한다. 이러한
신적 질서에 대한 인식은 그의 휴머니즘, 곧 인의예지신 사상의
전제가 되었다.

[20] 무여의 열반과 죽음 이후

후대 불교에서는 죽음 이후를 다시 태어나는 과정, 곧 윤회로
설명하기도 한다. 그러나 석가모니는 완전한 깨달음에 이른
사람에게는 죽음 이후 다시 태어남도 없고, 더 이상의 고통도
없다고 가르쳤다. 그는 이러한 상태를 '괴로움의 완전한 끝'이라고
불렀다. 불교에서는 이를 무여의 열반이라 하며, 죽음 이후 더
이상 이어지는 삶이나 다른 세계가 없다는 뜻으로 이해한다. 사실
무여의 열반은 어떤 자아가 사라진다는 뜻이 아니라, 고통과 윤회를
만들어 내던 조건의 흐름이 완전히 멈춘 상태를 가리킨다는 점에서
석가모니의 핵심 가르침인 무아론과도 밀접하게 맞닿아 있다. 이와
마찬가지로 쇼펜하우어 역시 죽음을 개인적 존재가 완전히 끝나는
사건으로 보았다.

[21] 개체 소멸과 우주적 의지

힌두교가 불멸의 아트만을 말한 데 반해, 쇼펜하우어는 정반대의
길을 걸었다. 그는 죽음을 개인적 정체성의 완전한 소멸로
이해했다. 개체는 바다 위에 잠시 일어나는 물방울과 같으며, 곧

다시 바다로 흡수된다. 박찬국은 이를 우주적 의지가 현상 세계에 잠시 드러난 모습으로 설명한다.

[22] 윌리엄 제임스의 비판

윌리엄 제임스는 쇼펜하우어와 니체의 사상을 두고 강렬한 비유를 사용했다. 그는 그들의 철학이 죽어가는 두 마리 쥐의 날카로운 비명소리를 오래 떠올리게 한다고 표현했다. 이는 그들의 염세적 사상이 지닌 정서적 무게를 상징적으로 드러낸 말로 자주 인용된다.

[23] 무상과 무아의 이해

백창우는 존재의 무상성을 환영에 비유해 설명한다. 모든 존재는 원인과 조건에 의해 잠시 나타났다가 사라지는 과정일 뿐이다. 인간 역시 고정된 실체가 아니라, 꿈과 같은 무아의 상태에 가깝다. 이러한 이해는 석가모니의 무아론과 맥을 같이 한다.

[24] 성경과 죄의 이해

성경은 죄의 기원과 본질을 가장 집요하게 추적한 경전 가운데 하나이다. 창세기는 인간이 하나님께 반역함으로써 죄가 시작되었다고 말한다. 기독교는 인간이 스스로 하나님이 되려는 욕망을 죄의 뿌리로 이해한다. 반면 쇼펜하우어는 이러한 초월적 관계 자체를 인정하지 않았다. 이 점에서 기독교의 죄 이해와 쇼펜하우어의 인간 이해는 근본적으로 갈라진다.

[25] 고대 신화의 신 개념

고대 신화 속의 신들은 대개 인간 세계에 폭력과 다툼, 권력 경쟁의 방식으로 개입한다. 그리스 신화의 제우스와 아레스는 전쟁과 힘의 상징이며, 인도 서사시 《마하바라타》에서도 신들은 인간의 전쟁에 개입해 승패에 영향을 미친다. 이러한 신 개념은 인간 사회의 욕망과 갈등을 신의 이야기로 확대해 투영한 결과로 이해될 수 있다.

[26] 예수의 역사성

예수의 생애와 죽음은 신약성경뿐 아니라 고대 비기독교
문헌에서도 언급된다. 유대 역사가 요세푸스는 예수를 지혜로운
사람으로 묘사하며, 그의 제자들이 그를 메시아로 믿었다고
기록했다. 로마 역사가 타키투스 역시 예수가 티베리우스 황제
시대에 본디오 빌라도에 의해 처형되었다고 명시한다. 또한
1961년 가이사랴에서 발견된 '빌라도 석판'은 본디오 빌라도가 실제
역사적 인물이었음을 보여 주며, 복음서에 등장하는 역사적 배경이
허구가 아님을 뒷받침하는 고고학적 증거로 자주 언급된다.

[27] 구약과 십자가의 연결

기독교는 예수의 복음을 어느 날 갑자기 등장한 새로운 가르침으로
보지 않는다. 예수의 탄생과 십자가 사건은 하나님이 오랜 시간
준비하신 구원의 계획이며, 구약 전체는 이 사건을 향해 흐르는
이야기로 이해된다. 창세기의 원복음에서 시작해 출애굽기의
유월절 어린양, 레위기의 희생제사 제도, 민수기의 불뱀 이야기,
이사야의 고난받는 종의 예언은 모두 십자가를 미리 비추는

그림자로 해석된다. 그러나 많은 유대인은 이러한 흐름을
민족적·정치적 메시아의 틀로 읽었기에, 인류의 죄를 짊어진
고난받는 메시아로서의 예수를 받아들이지 못했다.

[28] 두 종교가 말하는 구원의 길

기독교는 구약과 신약을 서로 다른 두 책으로 보지 않는다.
기독교가 보기에 구약은 이미 오래전부터 하나의 이야기를
시작하고 있었다. 그 이야기는 인간의 타락으로 시작해 구원을
향해 천천히 흘러간다. 창세기에 등장하는 인간의 타락 이야기는
복음서에서 예수의 십자가 사건으로 절정에 이르고, 요한계시록의
새 하늘과 새 땅에서 마침내 완성된다. 이 흐름 속에서 예수의
십자가는 레위기에 나오는 수많은 희생제사를 단번에 완성한
사건으로 이해된다.
한편 불교에서 석가모니는 인간의 근본 문제를 탐욕과 집착에서
찾았으며, 감각적 쾌락을 내려놓고 신의 존재를 전제하지 않은 채
도덕적이고 금욕적인 삶을 제시했다. 예수 역시 인간의 문제를
욕망과 자아 중심성에서 보았다는 점에서는 석가와 닮아 있으나,
해결 방식은 완전히 달랐다. 석가는 인간이 스스로 욕망을 끊어

해탈에 이를 수 있다고 보았지만, 예수는 자신이 하나님의 어린양이
되어 인간의 죄를 대신 짊어짐으로써 하나님과 인간의 관계를
회복시키겠다고 선언했다. 이처럼 기독교의 구원은 인간의
노력만으로 이루어지는 것이 아니라, 신이 직접 고통을 감당하고
용서와 사랑을 내어 주는 사건으로 이해된다.

[29] 불성 사상

초기불교의 무아론적 인간 이해에서 벗어나, 영혼의 지속성과
구원의 가능성을 사유하려는 후기불교의 사상적 전개 배경에는
후기불교에서 새롭게 전개된 불성(佛性) 사상이 자리하고 있다.
후기불교는 영혼의 실재를 명시적으로 인정하지는 않으면서도,
모든 존재 안에 더럽혀지지 않은 궁극적 가능성이 내재해 있다는
사유에 이르렀다. 불성은 의식의 가장 깊은 층위, 곧 제8식으로
불리는 심층에 잠재된 청정한 정신의 핵으로 이해되었으며, 여기서
여래장 사상이 전개된다. 여래장 사상은 누구나 내면에 불성을
지니고 있기에 누구든지 부처가 될 수 있다는 주장이다. 이는
힌두교의 범아일여 사상이 불교적으로 변형된 형태로 이해되기도
한다. 이 사유가 확장되면서 각 개인의 존엄성은 크게 강조되었고,

동시에 그 불성들의 총체로서 절대적 부처는 점차 신격화되었다.
그 결과 불교는 개인의 수행에 전적으로 의존하던 자력의 길에서
신적 존재의 도움을 기대하는 타력 신앙의 방향으로 옮겨가게
된다. 이러한 전개는 불교가 점차 힌두적 종교 구조를 받아들이는
과정이었으며, 바로 이 지점에서 석가모니의 초기 가르침과의
긴장이 발생하게 된다(정세근, 《윤회와 반윤회》, 충북대학교, 2013 참조).

[30] 초기 불교의 열반 이해

초기 불교에서 말하는 열반은 서방정토나 사후세계의 이상향과
혼동되어서는 안 된다. 석가모니가 말한 열반은 초월적 공간이
아니라, 이승에서 도달할 수 있는 실존적·심리적 상태이다. 열반은
욕망과 집착의 불길이 완전히 꺼진 상태를 뜻하며, 부귀와 내세에
대한 욕망까지도 함께 내려놓는 경지이다. 이러한 초기 불교의
열반 개념은 후기 불교의 정토 신앙과 본질적으로 구별된다.

[31] 이슬람이 말하는 죽음 이후의 세계

이슬람은 죽음 이후의 삶과 마지막 심판을 매우 중요하게 여긴다. 코란에 따르면 사람은 죽는 순간 곧바로 천국이나 지옥으로 가는 것이 아니라, 먼저 바르자흐라 불리는 일종의 잠자는 상태에 들어가 부활의 날을 기다리게 된다. 마지막 날이 되면 천사가 나팔을 불고 무덤은 열리며, 모든 인간은 다시 살아나 하나님 앞에 서게 된다. 그 자리에서 각 사람은 자신이 살아온 동안 말하고 행동한 모든 것이 기록된 행위의 책을 근거로 심판을 받는다. 이러한 종말의 구조는 기독교의 종말 신앙과 닮은 점도 있으나, 천국을 물이 흐르는 동산으로 묘사하는 방식 등은 당시 아랍인의 삶과 환경을 강하게 반영한 상징적 언어로 이해할 수 있다.

[32] 니체가 말한 "신은 죽었다"의 의미

니체가 말한 "신은 죽었다"는 선언은 신의 부존재를 증명하려는 주장이 아니다. 그것은 서구 사회를 지탱해 오던 기독교적 가치와 절대적 도덕이 더 이상 사람들의 삶을 지탱하지 못하게 되었다는 현실에 대한 진단이다. 니체는 신이 사라진 자리에 스스로 가치를

창조하는 인간, 곧 초인을 제시했으며, 이는 자신의 삶을 스스로
책임져야 한다는 점에서 쇼펜하우어나 사르트르의 실존주의와도
맞닿아 있다.

[33] 리쾨르의 은총 이해

리쾨르는 하나님에 대한 인격적 신앙을 강조했다. 그는 죄가 많은
곳에 은혜가 더욱 풍성하다는 바울의 고백을 신앙의 핵심으로
이해했다. 리쾨르에게 악은 단순히 제거되는 것이 아니라, 용서와
화해 속에서 극복된다. 이러한 사유는 고통을 은총의 가능성
안에서 해석하려는 시도로 이해될 수 있다.

[34] 칸트의 근본악 사상: 인간에 대한 시선의 전환

칸트의 근본악 사상은 계몽주의가 지녔던 인간에 대한 낙관적
기대와 분명한 거리를 둔다. 그는 인간이 이성과 자유를 지닌
존재임과 동시에, 그 자유를 잘못 사용할 가능성 역시 본성적으로
안고 있다고 보았다. 이러한 통찰은 인간 스스로의 힘만으로는

완전한 도덕에 이를 수 없음을 드러내며, 결과적으로 신의 존재를
요청하는 종교적 차원으로 철학을 열어 놓는다.

[35] 칸트에게서의 예수 이해

칸트에게 예수는 단순한 도덕 교사에 그치지 않는다. 그는 예수를
도덕적 완전성이 인간 역사 속에 나타난 존재로 이해했으며, 신의
독생자라는 표현을 통해 그 독특한 지위를 설명하고자 했다.
칸트는 예수의 자기 비움, 곧 케노시스를 통해 인간이 잃어버린
도덕적 가능성이 다시 회복될 수 있다는 희망을 철학적으로
변증하고자 했다

저자
정성민

철학과 신학의 경계를 넘나들며 인간의 실존,
구원, 그리고 신의 존재에 대한 근원적 질문을
탐구해온 종교철학자이다. 서울신학대학교
신학과를 졸업한 뒤, 미국 드류대학교(Drew
University)에서 신학석사와 철학석사를 거쳐
철학박사(종교철학 전공) 학위를 취득했다.
박사 학위 논문인 《Nothingness in the
Theology of Paul Tillich and Karl Barth》는 현대
신학의 거장들이 '무(無)'라는 개념을 통해
인간의 존재와 하나님의 초월성을 어떻게
해석했는지를 깊이 있게 분석한 학문적
성과다.
귀국 후 서울신학대학교에서 현대신학과
종교철학을 강의했으며, 숭실대학교와

호서대학교 등에서 연구와 교육에 헌신했다.
이후 인도 마드라스 신학대학교 교수로
재직하며 국립 마드라스대학교 박사과정에서
세계적인 종교철학자 레이몬드 파니카(Raimon
Panikkar)의 사상을 연구했다. 이 과정에서
깊어진 불교 철학에 대한 이해는 그의
연구 지평을 동서양 사상의 통합적 고찰로
확장하는 중요한 계기가 되었다.
현재는 생명철학연구소 대표로서 철학,
종교, 신학의 경계를 넘나드는 연구와 집필에
힘쓰고 있다. 특히 쇼펜하우어 철학을
바탕으로 불교와 기독교가 만나는 지점을
깊이 있게 살핀다. 인간의 고통과 욕망,
구원과 은총이라는 삶의 근본적인 질문들을

철학의 언어로 새롭게 풀어내는 것이 그의
핵심 작업이다. 그에게 철학과 신학은
서로를 비추는 거울과 같으며, 이성과 신앙의
긴장과 대화를 통해 인간 존재의 의미를
새롭게 사유하는 작업이 오늘날에도 여전히
중요하다고 본다.

주요 저서

- 《예수와 석가의 대화》

- 《인간 붓다와 신 예수》

- 《폴 틸리히와 칼 바르트의 대화》

- 《Nothingness in the Theology of Paul Tillich and
  Karl Barth》 외 다수